全国青少年校园美文精品集萃丛书·少年的你系列

少年的你
是跨过季节的骑士

《中学生博览》杂志社 选编

时代文艺出版社

图书在版编目（CIP）数据

少年的你是跨过季节的骑士 /《中学生博览》杂志社选编. — 长春：时代文艺出版社，2021.3
（青少年校园美文精品集萃丛书.少年的你系列）

ISBN 978-7-5387-6585-4

Ⅰ.①少… Ⅱ.①中… Ⅲ.①作文－中学－选集 Ⅳ.①H194.5

中国版本图书馆CIP数据核字〔2020〕第264958号

出 品 人　陈　琛
产品总监　邓淑杰
责任编辑　刘瑀婷
装帧设计　孙　利
排版制作　隋淑凤

少年的你是跨过季节的骑士

《中学生博览》杂志社　选编

出版发行 / 时代文艺出版社
地址 / 长春市福祉大路5788号　龙腾国际大厦A座15层　邮编 / 130118
总编办 / 0431-81629751　发行部 / 0431-81629755　北京开发部 / 010-63108163
官方微博 / weibo.com / tlapress　天猫旗舰店 / sdwycbsgf.tmall.com
印刷 / 三河市嵩川印刷有限公司
开本 / 880mm×1230mm　1 / 32　字数 / 135千字　印张 / 7
版次 / 2021年3月第1版　印次 / 2021年3月第1次印刷　定价 / 36.00元

编 委 会

Contents
目 录

我们都会好好的

流年浅唱，一曲离殇

夏花开不见

如果当时不年少

师　傅

江文坛

　　刚上高一的时候，我信誓旦旦地要学理科，在学姐的帮助下做好了迎暴风雨的准备……可是理科成绩屡次亮红灯，连我最爱的化学也不例外……我发现坐在后面的那个家伙不听课，可是化学成绩却好得不像话。我咬咬牙："那个……我可以拜你为师吗？"下课之后，看到他在后门，我伺机而上，喏喏地问。

　　"哪个？"他坏坏地问。

　　"就是你啊！"我抬起头，撞上他坏坏的笑。

　　"不用了吧，大家都是同学，呵呵……"

　　"我喜欢化学嘛。"我几乎带着哭腔说。因为有人说女生的眼泪很有用，我装作很难过地低下头……

　　"大不了以后你看上哪个女的我帮你追嘛。"我又冒出一句。

"嗯，这个提议不错！就这么说定了！"

我高兴地伸伸舌头，"谢谢师傅！"然后跑开……

某个晚自习，他走到我桌前，很绅士地问："有什么难题不懂吗？"

我受宠若惊地点点头，连忙从抽屉里拿出那本令我头疼的练习册……

他坐到我旁边，淡淡的薰衣草味道随之飘来……

快乐的日子总是一晃就过，高二文理分科，我最终还是选择了文科，他则进了理科尖子班。但他依然关心我的学习，不过辅导科目由化学变成了数学。

班里的女生问我："蚊子，你师傅是不是喜欢你呀？对你好好哦！"

我脸一红："不会吧？他是我师傅呢！"

原来的班级决定了一个班日，是三月的第一个星期天。

班日如期，大家去得很早，露天的广场，太阳公公很热情。

我拿着手机拍照。

"拍我吧。"师傅说。

"自恋。"我笑着说。

"哪有？"

他一定不知道，他当时那无辜的表情有多可爱，他也不知道，其实我已经偷拍了他好多张……

大家吃得差不多之后，就在那里玩游戏，在彼此脸上抹奶油……

"江晴文。"我回头看，他不知从哪里弄来了一辆自行车，向我招手，示意我过去。

"你脸上好多奶油。"他边说边从口袋里拿出餐巾纸擦我的脸……

我当时一定脸红了。我低下头，小声地说："我可以自己来……"他没有理我，擦完后，他指指后座，叫我坐上去。他说，要带我去逛这个城市。

"好耶！"我开心地说。

后面的同学起哄说："快看，转角遇到爱了！"

他笑笑，没有理会。

他骑得很快，风呼啸而过。夕阳肆意地挥洒在街道上，街上的行人那么可爱……很快，太阳公公就回家了。路灯开始热闹起来，整个城市瞬间成了灯海。我们逛过一条又一条街，我们的影子那么安静，可是，我的心却不平静。晚风在吹着，那一刻，我好想靠在他的背上，希望时间就此停止，让我再幸福得久一点儿……

某天，他往我书桌上放了一张大头贴，说照片上的女生是我"师母"，隔壁班的。

"哦？"我心里一惊，看到了一张很唯美的脸，不逊于偶像剧的女主角。我说："不错嘛，你不用我帮忙啦。"接着便低下头，我怕他看见我的泪水……

朋友说："你要知道，师傅不是男朋友，不要拿男朋友的标准去要求师傅，知道吗？"

是啊，他只是我的师傅。

我一直喜欢的是他给我的温暖，是亲人般的依赖。有些人，很幸福，生命中会有骑士出现。

他一定不知道，他无意的举动，无意的言语，在我心中汇聚成了多少感动吧。

我知道他不喜欢听人家说谢谢，可是，有太多的感谢堆积在我心口。

谢谢你对我说，要按时吃饭。

谢谢你对我说，吃饭不要吃那么快。

谢谢你对我说，有事尽管来找我。

谢谢你对我说，听话。

谢谢你给我戴你的手套。

谢谢你骑自行车陪我逛夜市。

谢谢你。

谢谢你是我师傅……

你 说

芷 禾

一声沉闷的春雷在空中炸响。你冲上前拽住我刚要捂住耳朵的双手，你说你要让我更清晰地听见更响的雷。我恶狠狠地抬头瞪你，那一刻你笑得那么没良心。但我还没来得及听清你说的下一句话，便又有一个焦雷接踵而至，很轻易地淹没了你的声音。

我说我喜欢夏天，可你说你喜欢的是冬天。

我说我喜欢晴天，可你说你喜欢的是雨天。

我说我喜欢白昼，可你说你喜欢的是黑夜。

……

你总是喜欢和我对着干，总是毫不留情地反驳我，而且在产生分歧时也从不迁就我，不会说算了木子我听你的。你只会很决绝地转身离开，从不回头。

所以每一次我听见你干脆利落的脚步总是很大声地背

对着你说，我真讨厌你！

你对我说得最多的一句话也是，谁瞎了眼喜欢你。

可是你这种没有绅士风度又自大狂妄到极点的人，居然也会有人喜欢。朋友凝对你的暗恋令我百思不得其解，你虽没有明确表示接受，但你对她细致的关怀爱护大概已经昭示着默认了吧。

凝这个往日直率又有点儿神经大条的姑娘在你面前居然也会羞涩。你放学送她回家时她竟会尴尬得无所适从，硬要拉我一起才能尽量自然些。天知道我有多恶心自己夹在你们中间当一颗瓦亮瓦亮的电灯泡，幸好现在才是初春，我还不至于把自己烧焦。你却无所谓，也不怕影响自己形象，一如既往地与我吵嘴。

昨天，凝突发奇想地决定去新街口卖饰品，把在家里看电影的我拽出来。

还是像往常一样，你骑车载着凝，我独自在后面骑着。我看着你在风中响亮地吹着口哨，她的手环抱着你的腰，羞怯地微笑着，像隐在繁密的叶间的紫荆花。真的是禁不住感慨，你们的青春如此亮丽美好。心里忽然微微地疼了，但只是一瞬。因为我喜欢凝，喜欢她这样天真率性，喜欢她这样幸福无忧。

走出新街口时，天很合时宜地下了雨。你们这两个冒失鬼，从来都不会有出门带伞的习惯。我低头看了看左手上水青色的折叠伞，毫不犹豫地塞到你手上。这种场景不正是很适合情侣的吗？你愣愣地看着我，却被我狠狠地敲了一下头。

"愣着看什么？还不快送凝回家？"

"那你……"

"雨一会儿就停了，我再自己回去呗！哎呀快点儿啦！"

"哦？哦哦……"

你匆匆地骑上车，凝在后座撑着伞，小心地伸往你头顶，你轻轻地把伞往后拨了拨。她又往你那边倾，你再往后挪……我看着你们甜腻得像糖的身影渐渐远去，朦胧在雨的尽头。大声地朝天叫喊，很违心地笑了笑，然后泪忽然就掉下来。

雨愈下愈大，风似乎也更冷了。我站在新街口的店门口，风钻进我单薄的衣袖。我不由自主地蹲下身，用手环抱着双腿。

我这是怎么了呢？我自己也说不出个所以然来，就是突然觉得好伤心。

可是我微微抬头时却看到一个熟悉的身影，白色的被风吹起的衣角，绿色的自行车，那，那不是你吗？我揉揉眼睛仔细地看了看，真的是你！你好像也看见我了，在距离我还有几米的地方便迫不及待地跳下单车，把单车随手摔到地上便向我跑来。我试图站起身来，却因为脚底湿滑而差点儿摔倒。你冲上来扶住我，我整个人都倒在你怀里。你浑身都湿透了，湿湿的衬衫贴着我的脸，那么别扭。挂在你头发上的雨滴滴到我肩上。我抬头，刚好撞见你关切的目光。我急急地挣脱你。

"你怎么回来了？凝呢？"我背过身子不敢看你。

"我在路口把伞给了她，让她自己走一段路回去，所以就回来了。"你轻描淡写地说。

我忍不住狠狠地朝你喊了句："真是浪费我一番心意！笨蛋！"你鄙夷地扯了扯嘴角，然后以你惯有的姿势转身离开。

雨渐渐停了。我慢悠悠地走到玄关外时，却看到凝哭着从台阶上跑下来抱住我。

我轻轻地拍着她的后背："怎么了？怎么了？"

"木子……"她从衣兜里掏出手机递给我，眼中满是悲伤。

那是你空间里的日志，我一直都无权限阅读的日志。

> 真是傻瓜一个。
>
> 你知不知道，我喜欢冬天，是因为冬天我可以把你冰凉的左手放进我右手边的衣兜里，然后再偷偷地把手伸进去握住你。
>
> 你知不知道，我喜欢雨天，是因为雨天我可以和你同撑一把伞，然后偷偷把手放到你的肩上。

你知不知道，我喜欢黑夜，是因为黑夜我可以在失眠的零点打电话给你对你说晚安，然后听你睡意蒙眬地骂我无聊。

你知不知道，我喜欢你听到雷声，是因为怕打雷的你会惊叫着躲进我怀里，然后我可以心安理得地抱着你说别怕别怕。

……

但是我宁愿你不知道。那样我才不会尴尬，才可以这样一直守着你。

我惊讶地捂住自己的嘴，泪水在眼眶里打转，却怎么也流不下来。

凝把你的空间关了，再给我看她QQ的好友列表，泪终于还是灼热地淌下来：

我看到你的QQ名是——谁瞎了眼。

如果当时不年少

艾汀医生

当那个叫萧逸枫的男生第三次堵在我的班级门口，然后疯了似的大叫"丁柯乐，我喜欢你"的时候，我不顾周围人投射来的目光，冲到门口就把他给拉了出去。

"萧学弟啊，求求你放过学姐好不好！我到底哪里好，我改还不行吗？"我近乎恳求地和他说话，就差没跪下了。

"学姐你哪儿都好，你心地善良，聪明伶俐，长得也漂亮！"

就连我自己听到这样的话都不免觉得反胃。我心地善良吗？身为毒舌妇的我特乐意打击别人，以幸灾乐祸为人生乐趣，巴不得隔壁桌讨人厌的同学走楼梯的时候跌一跤才好；聪明伶俐吗？那为什么从小爸妈都喜欢说"说你笨得像猪简直委屈了猪"；长得漂亮吗？就没见哪个男生正眼看过我。

"学弟你相信学姐，你肯定会找到一个比我好一万倍的人，到时候你可以带着她来嘲笑学姐，学姐是不会怪你的。"发给了他一张好人卡，我就迫不及待地想要离开，尤其是离开这个小毛孩子的身边！

年纪轻轻就想要谈恋爱，怎么能行！换成我妈的口气就是："现在的小青年啊，真是一代不如一代！"为了不摧残祖国的花朵，我还是奋发向上专心学业吧。

正当我要溜之大吉时，他突然拉着我的胳膊不放。"学姐，你就答应我吧，如果你不答应我……那我就跟踪你回家找咱爸妈！"

……

无名之火顿时就从身体里蹿了起来，我恨不得拎着他的领口扇他两巴掌，然后指着他的鼻子破口大骂。

"我说得出就做得到，你不答应我的话，就算死，我的魂儿也会飘去你家。"

我长叹了一口气，只得无奈作罢。

"那我就给你三个月的试用期，在这三个月内，我允许你知难而退。"

我开始了一段荒谬的姐弟恋。同学们都笑我好新潮，赶时髦。他们会捂着嘴问我："你到底看上了那个小弟弟哪一点？"

到底是哪一点呢？我也不知道，或许是他的真诚和执着打动了我吧。

从前，我也如他般，不顾一切地喜欢过一个大我两届的学长。在新生入学的时候，学长拿着我的行李，满头大汗地给我搬到了寝室。然后他连一口水都没喝，就默默地下了楼。

那个时候起，我就喜欢这个有点儿憨憨的学长，到处打听他的电话号码，早早晚晚地给他发短信，说得最多的就是"早安""午安""晚安"。某一个时刻，我甚至觉得自己就像是个生活在旧时代的奴才，只会说"皇上吉祥""皇上万岁"。

后来，我执着的性格终于苍天见怜地打动了学长。可是我们没好多久，他就毕业了，临走前他握着我的手，要我好好保重自己，照顾自己。

就像每一个因为毕业了离开了学校就不能继续在一起的情侣一模一样，剩下孤独的我，重复往日的春夏秋冬，只是少了身边人的陪伴。

我不再碰"爱情"这种奢侈品，拼命地化悲愤为力量，将自己撑得像是个皮球。皮球又有什么不好呢？就算受了再大的气它也会乖乖承受。

尽管萧逸枫对我很好，可是我也没有回予他半分笑容又或是承诺。

他会给我买很多的零食，一一拆开放在我的面前，有时更欠揍一点儿就会拿着吃的，贱兮兮地说："来，张开嘴，我喂你。"

"萧逸枫你恶不恶心！我都多大了，又不是三岁小孩自己不会吃。"

"你懂什么？我们这叫秀恩爱，嫉妒死那些臭光棍！"

我实在是不想说他到底有多幼稚，毕竟是一个比我小的男孩子啊。都说同龄的女生要比男生成熟那么几岁，再加上我本来就比他大，我顿时就有了当妈的感觉。

老话说得好，三岁一条沟，六岁一道坑。跌倒了恐怕就再也爬不上来了。

萧逸枫总是喜欢叫我"丁可乐"，他说："咱妈怎么能给你取一个这样的名字呢？显得多没有文化。"

我连眼皮都不眨一下地反驳他："你懂什么，我妈给我取名叫丁柯乐，可乐可乐，可劲儿地乐！"

其实这只是我临时编出来的，没想到他居然还真就相信了，拉着我的手说："咱妈真有文化，要不让她给我也换个名字。"

我愤怒异常地咆哮："我妈什么时候变成了你妈！"

"这不早晚的事！"

果然，水至清则无鱼，人至贱则无敌。

萧逸枫你敢不敢再无敌一点儿！

萧逸枫的成绩不太好，所以他总是拉着我给他补习。他的理由就是："你是学姐，在学校里比我多一年的饭不是白吃的。"

我很不幸地摊开手告诉他："抱歉，我还真就是个吃白饭的。"他的脸霎时就垮了下来，一蹶不振的模样让我看了好高兴。我说过了，我就是一个喜欢幸灾乐祸的主儿。

"如果这次考试再不过的话我就又要留级了。天哪！我可不想再比你小一届。"

"你留过级？！"我像是突然反应了过来，然后惊愕地合不上嘴，"这么说你其实和我是一届的？"这简直就是天大的消息啊，和他交往也有一个月了我居然不知道。

紧接着就换成了他用看白痴一样的眼神看着我："你不会现在才知道吧？"

"你又没和我说过……"我底气不足地喃喃自语。

"呆头呆脑也得有个限度吧？"

"你这是人身攻击！"

……

就像是广袤无垠沙漠里的一汪泉水，我兴奋地将这个消息公布给了寝室里的好友。结果好友大叹一口气说："你总算不用顶着老牛吃嫩草的名号了！你是不知道啊，班里的人都说你勾引未成年小男生呢！"

我哼哼冷笑了两声："难道你没有说吗！"

如果当时不年少

好友自我辩解道："当然没有了，你知道我一向都是护着你的！我力排众议说你绝对不是这样的人，顶多就是有点儿春心荡漾，饥不择食。"

我抓起身边的两个抱枕就扔了过去，然后趁她忙于躲闪之时一举冲到了她的面前，死死地掐住她的脖子。

"原来你和我是同届啊，你怎么不早点和我说。"我有点儿嗔怪地走在萧逸枫的身边。

"现在和我走在一起感觉心里舒坦点儿了吧？"

我笑而不语，只是看着他的脸庞。

他被我看得有点儿发毛，不禁发问："你一直看着我干吗？我脸上有东西吗？"

"没有，只是想看清楚一点儿这是张怎样的脸。"

他讪笑着将脸贴了过来："那你现在看清楚了嘛。"

"看清楚了，你眼睛里有眼屎。"

……

本来大好的风光和气氛，就这样被我破坏了。然后他那张无限靠近的脸，也就呆呆地停了下来。"有吗？有吗？哪里有眼屎？"他一边用手指抠，一边慌张地向我申诉。

看着他那张笨拙的脸，我竟愈笑愈欢，心底就像是抹了蜜糖般。原来尘封的那颗心，渐渐地打开了，接纳了该接纳的人，世界变得缤纷而又多彩。

真希望这种感觉能够一直持续下去，这样的话世界末日来临也不足为惧。

萧逸枫的兴趣实在是太多了：打篮球、踢足球、打桌球、打乒乓球、下围棋、下军旗、下五子棋，十八般武艺简直样样精通，这使得我羞愧难当。

作为他的女友，我居然只会绣十字绣，这可真能让人笑掉大牙。他鼓励我说："十字绣好啊，以前大户人家的大家闺秀都天天躲在家里绣鸳鸯，要不你也给我绣一个？"

"绣你个鬼啊！"我一口拒绝他，然后头也不回地走掉。

萧逸枫真是越来越过分了，哪来的那么多要求！到底有没有把我当成学姐兼女友。我堂堂丁柯乐大小姐，怎么就成了他的奴隶了！

萧逸枫的戏演得真好，他不去当演员真是可惜了这天赋。

这个宇宙无敌的大骗子，我一辈子都不想看见他，哪怕是听到他的任何消息。

我看见他和几个要好的朋友在超市门口，他的朋友说："萧逸枫你不会真喜欢上丁柯乐吧，你忘了你哥哥的嘱托了吗！"

"怎么会忘！哥哥说他对不起丁柯乐，所以希望在她毕业前让我陪着她，就当作是对她的补偿。他说他虽然从没有喜欢过这个女生，可是只要一想起丁柯乐对他的好，就觉得愧疚难当。"

"所以你不喜欢丁柯乐对吧？"

"那是……她脸上有好多雀斑，长得好丑！而且我不喜欢胖胖的女生，她就像个……就像个肉球！"

萧逸枫说完之后，他的朋友就一齐笑了起来。

我就像个傻子，悄悄地躲在楼梯口，捂着嘴又不敢哭出声来。我想我现在的样子一定很好笑，我的眼泪就那么不争气地使劲流，流到我的鼻子上、脸颊上、嘴巴里、下巴上……

绣有鸳鸯的香包就这样从我的手掌中掉落。

……

我消失了。

因为这个地方我一天也待不下去了。

回到家我就向老妈哭嚷着要转学，她再怎么追问，我也没有告诉她自己为什么哭得那么伤心，还有为什么要转学，我觉得这是个天大的耻辱。

我顺利地转了学，离开了那个该死的学校，再也不用见到那么讨厌的人和想起被欺骗的回忆。

在新学校里，我不谈恋爱，只认真学习。期间也有男生向我示好，可是我再也不做考虑。水凉了，还能热。但心死了，要怎么办？

　　如果这是青春里必须要接受的残酷考验，我只想说我已经勉强通过了，即使遍体鳞伤。

　　后来的我，当然也不会知道萧逸枫一直随身携带着我绣的香包。他仅仅是因为一句保有自己尊严的虚荣话语，扎扎实实地刺伤了我的心。或许这不是他的本意，但是他确实伤害了我。

　　我们之间的结局，注定是以错过剧终。

"高三党"生活报告

楹椴椴

日子琐琐碎碎，好像轻轻一搓，都会成粉末状，磨不开它们各自的鲜明。

一模前，跟肉丸君两人杵在走廊话家常，背后是教室，以及一盒子的人——教室像个盒子，四四方方，有门有窗。

"我以后想进腾讯，这样就可以免费拿点儿卡了。"肉丸君眼珠发亮，没见他那么有神过。我在心里疑惑着，到底是谁告诉你腾讯内部有这种员工福利的？马化腾不跟他拧起来么？

但是，人类对于未来有了希望与期待，总是好事情。

米丝张在英语课上，鼓励大家对未来多些规划，"你们要多想想未来，定些阶段性的目标，比如，今年就是考个好大学，明年了又要做些什么啊？"

身后的组长清晰有力地吐出两个字，就像吐出了多年的积怨一般："恋爱。"

我乐个没完，"您老憋这俩字儿是憋了多少年啊？"说句正经的，其实组长在那一刻形象很高大很光辉。身边的朋友们吵嚷完了电视剧、电影、旅行、恋爱之后都会说一句话总结陈词："6月8号完了之后再说吧。"细菌说："啧啧啧，高考完那天晚上得有多兵荒马乱、战火频起、刀光剑影、爱恨情仇、剪不断理还乱。"

高考真的是老大，对不对？我们将很多事情都折叠，压到箱底。不知道将来翻出来的时候，会不会皱巴巴、脏兮兮、过了保质期。细菌说得很好玩："每个高三生都有个契约情人叫高考，我们对他百般谄媚殷勤非凡，为的就是把他伺候满意了就能在6月份给我们分。"

在杂志上看到张牧笛的《高三日记》，写着："苏维来电话，说起玛雅预言和2012，他说要是世界终结了，你最想做的是什么，我说当然是恋爱。"

突然想到自己一直很想写却成不了篇章的高三日记，我连开头都想好了，就写："小时候，一直以为世界上只有一个党，就是光辉照四方的中国共产党；长大后，发现世界上有好多好多'党'，其中还有一个就是'高三党'。"我甚至连总题目都想好了，叫"'高三党'生活报告"。

高三的日子像是买回来的一袋子拼图，琐琐碎碎，想着要将它一块块拼出来，又无从下手。就只是拎着袋子，摇一摇，都听得见高三在我手里，在我耳畔，细细密密地说话、歌唱。

海是那样宁

二 笨

1

我还是忍不住跳进了你的对话框："怎么办，怎么办，我不会开头啊！"而你还是一如既往地装淡定："怎么办？凉拌！万事开头难，你回去再憋十分钟看看。"

于是我就跟一受气小媳妇儿似的接受了你的命令，继续对着空白的本子发呆。半个小时华丽丽地过去了，我的稿子还是毫无进展。你怒了："不就是一个开头吗？糊弄糊弄不就过去了。大不了你先写后面的，等有时间再回来写开头。"

"嘁，您可真是站着说话不腰疼，有本事你糊弄出一个给我看看！再说了，你要是知道我现在糊弄的这篇小文是写给你的，你还不得一掌拍死我啊？糊弄您老人家，就是借我俩熊胆我也不敢啊！

没错，这篇文章是我送给你的，但这是我的秘密，鬼才会告诉你。

2

每次想起和你相处的第一天，我就气得牙根痒痒，恨不得现在就把你拖出来暴打一顿。

话说那是高中开学的第一天，新班主任和以往的每一个一样"罪恶"，张嘴第一句都是"所有同学到走廊里站成一排，按大小个儿自己找座位"，于是我只好带着悲愤的表情自觉奔向那个我足足坐了九年的座位——第一排第一座靠窗的位置。

人生的悲剧啊，长得矮真的不是我的错啊！

但这次老天对我还算不薄，没派下一个黑脸小子来克我。于是我眼睁睁地看着一美女，嗯，一非洲美女向我姗姗而来。

经过初中整整三年的艰苦磨炼，我对黑色皮肤的人好感度还是蛮高的，更何况还算一美女，这要是勾搭到手了，那以后的日子过得可就滋润多了。我强压下嘴角忍得快要抽筋的笑意，无限温柔地对美女说了一声："Hi！"

温柔攻势，美女一般很吃这套吧。

果不其然，该美女听见我温柔得简直变态的声音后，眼珠立刻动了一下。注意，只是，眼珠，动了，一下。其潜台词就是她根本没理我，转手抽出一本笔记，认真地写了起来。

喂，妞，你也太狂了吧？不过，也许是我的声音太小，她没听见。嗯，一定是的！

我又抬起手，特哥俩好地拍了拍她的肩膀，眯起眼睛温柔地问道："姑娘，你的名字是？"太温柔了，太温柔了，温柔得我都觉得自己快要变成色狼了。妞你要是再不说话，可就太对不起妹妹我这自毁形象的壮举了。

是谁说美女的心思你别猜的，我去拆了他去！只见此美女顺手推给我一本印有名字的参考书，然后把手里的笔记又翻过一页，继续写。

……尴尬了。你这是哪座山头蹦出来的妖魔鬼怪，观音大士怎么不把你收了去啊？

此等场面无形中在我不怎么幼小的心灵里留下了残忍的一幕，以至于后来我一想起这个场面就暴跳如雷，一把掐住你的脖子怒吼："同样都是泼妇，你跟我装哪门子淑女啊！"

3

怎么说呢，这个世界还是充满着和谐的。正如我们的关系一样，无论开始时有多乌龙，都不会影响我们感情的火速升温。仅仅是一天的时间，我俩就发展到了"你恨不得杀了我，我恨不得灭了你"的地步。

当然，咱俩都明白，咱俩之间无论是拌嘴、吵架、互殴都是没有恶意的，更准确地说，这就是咱俩沟通感情的最直接的方式。但是咱们明白，不代表别人也明白。于是你每次被我在言语上猛烈打击后都会当即还口——撸起我的袖子上去就咬。这还不算什么，最让我感到是可忍孰不可忍的是，每次我扬起手臂把伤口给别人看时，你都会鬼魅地出现在我的身后，用一种含情脉脉、我见犹怜的声音柔弱地质问我："笨笨，你怎么能这么诬蔑我呢？"

然后呢？然后你就赢了呗！外表淑女内心彪悍的你说出的话，实在是比我这个外表内心都犯二的倒霉蛋的话可信太多了。所以你的美人计成功了，所有纯洁善良的好人都被你忽悠惨了，就我这么一个看透真相的聪明孩子还被你整得腹背受敌，你，你，你……你就是一天使面孔恶魔的心，天啊，天理何在！

4

早就明白天下没有不散的宴席，文理分班也只是一个早已注定的游戏。只是我没想到它会来得这么快，就像一场没有硝烟的生死竞速，眨眼之间就翻转到了结局。

拿到分科志愿表时，我突然不知道该摆出什么样的表情了。以往所有的伶牙俐齿在此刻集体出逃，空空的脑海中只有一个问题在旋转："你会报什么呢？文还是理？"好吧，我知道，我知道学文学理是有关前途的问题，我知道在未来面前友谊根本就不应该成为阻力。但是我的要求真的不高，我只是想知道，我们以后还能不能是同桌，还能不能在同一个班，甚至，还能不能在同一个楼区。说白了，我的愿望就一个，我以后还能常常见到你。

能不能啊？你翻着课本默不作声，一如我们初见的那个场面。如果时间可以就此静止，该多好……

之后的事情变得很富有戏剧性。因为种种原因，文科偏好的我背着不及格的数理化进了理科班，而理科偏好的你带着不怎么样的政史地去了文科班。一字之差，一墙之隔，而今分别，君当陌路。

5

咳咳，真是越说越矫情了。

分班之后我们成了邻班，但我却再也不好断论这是福还是祸。幸运的是，只要我愿意，每一节下课我都能在路过你班门口时"凑巧"看见你。不幸的是，我每次看见你时，你都在歪着头和新同桌说说笑笑，从不记得回过头来向门外看一眼。

好吧，我告诉你我吃醋了，而且这醋劲儿相当地大！凭什么过去你对我就是鸡飞狗跳，现在对她就可以四平八稳，有说有笑？凭什么过去我们就能无话不谈，现在却只能对着电话讲"唉，我真不知道该怎么跟你说"？

时间犯了不可饶恕的错，它把我们的亲密一点点抽离干净。不咸不淡，不疏不远，不知何时，这就成了我们相处的模式。但是，还好，只要你在难过时还能想起我，只要我的肩膀还能承载你的泪水，我们之间就不算白忙活一场。

6

我想我上辈子一定就是一只乌鸦，不然我这辈子怎么会生了这么一张乌鸦嘴。前几天刚刚自以为超脱了，这天就看到了你在空间给我的留言。你说，你感觉你不配做我最好的朋友。我急了，我们之间虽然吵过架红过脸，但我们谁也没说过"不做朋友"这么重的话，到底发生了什么？

带着几分忐忑几分恐惧打开空间，我才发现问题还是出在我身上。因为被一时的小情绪冲昏了头脑，我一气之下在空间里提了二十一个有关自己的问题，并扬言有人答上来十个我就满足了。

我不知道你是怀着一种怎样的心情去答那些荒谬的

题目的，更不知道你在发现你最多只能答出八个时又是怎样的失落。你说你对不起我，你配不上当我"最好的朋友"。我口口声声地说怎么会呢，这只是我弄着玩的，你不要瞎想啊。其实心里却是在不停地风起云涌，我不是难过你没有答出十个，我只是突然想到，如果把这二十一道题目套在你身上，我又能答出几道？

原来那个固执己见、忽视友谊的人，一直都是我啊，是我在戴着有色眼镜去放大我们友谊中的那些无可奈何。

我以为这件事发展到现在也就可以终止了，我会对你更好一点儿，我们会一如从前般相亲相爱。但我万万没有想到这件事对你的冲击这么大，偶然之间，我在你的空间里发现了这样一段话——

突然觉得自己很虚伪，我一直以为我理解身边的人，可以让她们觉得我值得信任，可实际上，我只会忽略朋友们，不会在她们需要我的时候给她们肩膀来依靠，总以为她们过得很好。我只想说时间不会冲淡我们的友谊，我说过的话也不会改变。但如果我的承诺真的那么不值得你信任，我也无话可说。毕竟我不懂得再亲密的朋友也需要联系感情，尤其是你最近过得很不好，甚至我在回答那些问题时自己也鄙视自己，我究竟了解你多少，不知道你是不是依然把我当作你最好的朋友？

相信吗？那个从自行车上栽下来腿磕出血了都没哭的
我，那个亲眼看见姐妹被推入手术室都没哭的我，那个在
分班前一晚曾用大段大段的文字把你弄哭的我，只是看到
你写的这几行字，就趴在键盘上泣不成声了。

我就是一个混蛋！你明明把我看得这么重，我却还在
这边自哀自怜；你明明对我那么好，我却在这头偷偷指责
你的不是。我真是狼心狗肺，我就是一个混蛋！

对不起，请你原谅我……

7

一直写到了这里，我想我还是老实交代吧。没错，其
实我现在写下这一切都是有预谋的。我偷偷算过日子，如
果这篇文章能发表在7A上，那就刚好能在你生日那天送
到你的手上，如果你真的能看到这些文字，那我就有自信
可以打动你。我翻过日历，明年你的生日是在那个"黑色
6月"之后，想必那时我们已经收拾好行囊，各奔东西了
吧。那么，我的机会就只有这么一次。只许成功，不许失
败！

也许正是因为带了太大的目的性，我越写越觉得自
己的文字那么浅薄幼稚，我表达不出我现在的心情，我描

绘不完你对我的好。如果说我最初是抱着搏一搏的心态来写下它们，那么现在我已经不再强求了。不是放弃了，只是在这个漫长的回忆过程中我突然懂得，我要的是一份感动，而不是一个形式。那么，无论这篇文章发表与否，我都决定要把这些心里话亲口告诉你。

海宁，对不起。

海宁，我想你。

海宁，生日快乐。

海宁……你永远是我最好的朋友。记住，我说的，是永远！

怀念你的味道

安小七

我出生的时候，她已满头白发，步履蹒跚。

听说，她抱着六个多月就出生的我，哭得像个孩子。

听说，她把我放在她的手心里，亲了又亲，不愿放手。

听说，她为了让我活下来，拄着拐杖跑了半个村子，一家一户去问米。

听说，很多人为此笑她无知，做无用功。

听说……

我六七岁的时候，她已经很老很老了。她独自住在一个破旧的小房子里，自己做饭，自己洗衣。没有水的时候，就天天盼着下雨，好接屋檐滴下的雨。没有柴烧饭的时候，拄着拐杖哈着腰去问自己的儿子要点儿柴，或是拔点儿人家的篱笆竹签，捡点儿小柴碎，又或是给我一块钱让我上山帮她拾柴。

她的丈夫去世后，她本来是跟着自己的儿子住的，可是，儿子儿媳都嫌她脏，嫌她炎炎6月却不洗澡，嫌她无知，嫌她7月酷暑衣衫大开，嫌她不知礼仪，嫌她吃饭的时候用自己的筷子在碟子里拨来拨去挑菜叶子……

所以，她被自己的儿子儿媳流放了。

流放到一个看似所有人都可以进去却是所有人都望而却步的地方。一个人，对着四面墙，一盏昏黄的灯，自己烧饭做菜时升起的烟火，以及自己的影子。她自然是不知道这样的境况就叫作寂寞，她只是知道自己没有伴。

每次，我放学蹦蹦跳跳去到她那个小屋子的时候，她都正好准备吃饭。她会很热情地用她干瘪的双手拉着我进去，然后用手拍拍那张沾满油污的丑陋的小凳子上的灰尘。再然后，她会把装满饭菜的碗递给我，咧开她那早就没有牙齿的嘴笑着对我说，吃吧。一般这个时候，门外便会聚着很多比我大一点儿的哥哥姐姐。他们看着我吃饭，就在外面大笑，说那么脏的饭我竟然敢吃。那声音很尖，很尖，它像一把刀，刻在我的脑海里，以至于这么多年过去了，那些声音仍然在我的脑海里，挥之不去。

被他们嘲笑孤立多次之后，我也渐渐地远离了那个小屋子。只是在一些节日的时候，在她的女儿来看她的时候，我跟在后面像一个贼一样偷偷摸摸地看她。

我这样偷偷摸摸地看了她三年多，后来被那些哥哥姐姐发现了，我就再没有在她小屋子的小石堆旁出现过。直到有一天，她坐在我家门外等我放学。她给了我两块钱，那个时候的两块钱对我来说，是一个天文数字了，所以，我恬不知耻地收了。她拄着拐杖拉着我的手，想跟我说两句话，我居然冷漠地对她说："你先回去吧，我现在没有空。"

被人认为无知的她，听出了我的潜台词。她堆满皱纹的脸没有摆出什么表情，只是定定地看着我，然后说了一句："好吧，连你都这样了，连你都嫌弃我了，我知道的。"

她慢慢地转过身去，拄着拐杖的手有点儿抖。她像一条老狗一般往后巷走去。我看着她的背影，突然地，很鄙视自己。我什么时候也变得那么无耻了？我什么时候也长成了他们的样子了？

我想喊一声她，想叫她停下来，进去坐一下吧。可是，我的喉咙仿佛是脱离了我的身体一般，不受我的控制，发不出任何声音。

我又去看她了，只是没有了小时候的频繁次数，不再留在她的屋子里吃饭，但我也不再是偷偷摸摸地看。

后来，我上初中了，因为离家远，我去看她的次数就少了。再后来，我上高中了，在县城，离家三十多公里，去看她的次数就更少了。

高一过年的时候，爸爸开车把她接到我们新造的房子吃饭。车子启动的时候，她说："看，怎么柜子都会走路？"

我的眼泪霎时溃不成军。

吃饭的时候，爸爸妈妈帮她挑了一大碗的菜叶子和她容易嚼碎的肉放到她的碗里，她吃着吃着，竟嘤嘤地哭了起来。爸爸妈妈轻抚她的肩膀，笑笑说："真是老小孩儿，大过年的，这么好的日子，哭什么呢，快吃饭，菜都要凉了。"

她抹了抹眼泪，咧开嘴笑着说："还是我的长孙长孙媳好。"

我坐在她的对面，看着她流着眼泪却又咧着嘴，像个孩子一般，我的心酸得不知道怎么表达，那感觉就好像吃了一大卡车的柠檬一样，眼眶又热又胀。

饭后，妈妈帮她洗脚剪指甲，然后把一些人参放进一个小布袋里交给她。她像得到了天大的宝贝一般，立马就把那个小布袋藏进了自己的大棉袄里面。我鼻头一酸，眼泪就掉了下来。

3月的时候，家里的小叔叔结婚，我回了趟家。

我提着她最喜欢吃的软糕点去了她的小屋子。我推门进去，她躺在床上，那张陪伴了她十几年的破旧的桌子上放着两个像喂猫一样的空空的碗。四年前她大病了一场，她已经不能自己照顾自己了，不能自己做饭，不能自己洗衣了。她的三个儿子每家轮流端饭端菜一个月。已经到了饭点了，可是，碗还是空的。

我开了灯，还是那一盏灯，昏黄如旧。

我轻唤了一声："太奶奶。"

她没有回应我。

"太奶奶……太奶奶……"

"小七，是小七吗？"

我走过去，撩起她黑色的蚊帐，我想把她扶起来。她说："不要，我疼。"

我问她哪里疼，她却倔强地闭着嘴，不肯说。她不肯说，我也没有再问，只问她饿不饿，她说不饿。我说我带了软糕点来，她才说，她要一点儿。

她紧拉着我的手，不愿放开。我拍拍她的手背，说："太奶奶，我去给你把饭端来，等一下我就要回学校上课了，你要多起来晒晒太阳，知道吗？"

一个星期之后，我又回了一趟家。

因为，她，不在了。

我一路哭着回家。周围很多人，往常过年都不在家的人，这一刻全都往家里挤。

棺木放在古屋的大厅里，我知道，她就躺在里面。我走过去，一扬手，把棺木掀开。厅里的人都看着我，我压着自己哽咽的声音，说："谁没有看到她最后一面的，都过来看看吧。"

很多人都躲得远远的，只有几个小叔叔凑过来。

她闭着眼睛，张着嘴巴，颧骨高高凸起。我伸手去摸了一下她的颧骨，我想帮她把嘴合上，想对她说，这样张着嘴也再不会有食物，这样会很累。

我红着眼睛，却没有流泪。

出殡的时候，很多人都哭得像被人撕裂了心肺一般，除了我。我的脸上，没有任何表情。看着他们的眼泪，我突然地觉得很厌恶，很厌恶。他们，都在表演些什么呢？她年初就摔倒了，他们却一直让她拖着，不帮她请医生，任其自生自灭，背脊都摔出了碗口大的伤口，白骨狰狞，难道纸能包得住火么？

清明节的时候，我一个人待在学校里没有回去。我实在不能忍受再看到他们在她坟前说说笑笑。

太奶奶，我想你了。

如果，有来世。

我想说，谢谢你。

谢谢你在我出生的时候抱着我不愿放手。

谢谢你在那么多的后辈中，一听声音，便认出我。

谢谢你小时候招呼我的饭菜，它不脏，一点儿也不。

来世我想说，请你等我。

等我陪你去坐公交，看看那会走路的柜子。

等我念报给你听。

等我做饭给你吃。

等我把软糕点买回来给你吃。

好吗?

那些花儿不说话

17 going on 18

浅　诺

寒冷的天气把人变得懒洋洋的。

整个假期，除了看韩剧和写一点儿非写不可的作业，我绝大多数时间都保持着近似婴儿在母亲体内的姿势蜷缩在沙发上一动不动地发呆。

期末前计划的小说什么的，在寒假都变成了浮云。

早上在闹钟喋喋不休和咆哮下起床迎接久违的阳光，虽然很郁闷只需要花十几分钟连书都没分的注册竟然让我们早早地到校，但是，在"距离高三只剩一学期"的事实面前，什么郁闷，都变得无足轻重了。

传说中的"魔鬼高三"越来越近。未来的这一学期也许是高中生活的最后一段"自由活动"时间，想到这儿，我的后背竟出现了丝丝寒意。

我想我是有写一点儿东西的必要了。

1．95前

翻开新一年的"小博"，"专属'95后'的校园映象志"的全新定位让1994年尾巴出生的我一下子感觉自己变老了。

其实这样的感觉早在许多杂志、文章纷纷用"95后"取代"90后"时我就感受到了，但当"小博"这样"明目张胆"地贴下这个标签时，我还是有一种被排除在外的落寞。

从2008年到现在，"小博"已经陪伴了我整整四年，买"小博"也已经变成了一种习惯，第一次投稿，第一次收稿费，第一次把自己的心情和别人分享……

这些曾经对我来说十分不可思议的事，因为小博，竟然都成为现实。

我却没发觉在一次次把"不可能"变成"可能"的过程中，我也不自觉地长大，不经意间也走过了中学的大部分日子。

我曾经对七七无比义愤填膺地说："'95后'已经快把我们这些94年的拍死在沙滩上了。"没想到却换来她的一个白眼："人家'00后'都出来了，你还在纠结什么？"

看着她无比淡定的神情，我突然意识到自己反应似乎太大了点儿。

必须承认，"95后"确实已经成了中学生的主流，可是不要忘记还有我们这些"95前"的中学生。

"95前"的我们一样爱生活、爱"小博"。

2．CNBlue

最近疯狂地迷恋一支乐队。

一支在中国知名度还不是很高的韩国乐队。

周围的人在我每天"CNBlue"的狂轰滥炸下已经变得有些"歇斯底里"，纷纷无视我或者选择自动避开我。

其实我也知道自己做得有些"过分"，可是我就是忍不住想让她们了解CNBlue，喜欢CNBlue。甚至连一向最懂我的青岚也忍不住向我抱怨："CNBlue，又是CNBlue。"

喜欢CNBlue这件事对我本身就是一个奇迹。要知道，以前的我是只听梁静茹式的情歌，连舞曲都不太爱听、不怎么听的，更不用说轻摇滚了。要不是我是个资深的"男二控"，要不是我因为无聊凑巧看了那部当年大火的《原来是美男》，我想我这一辈子都不会去接触到那能让人中毒的轻摇滚。

中毒之后一发而不可收。连七七也取笑说我终于在韩流快过去的时候赶上了韩流。

想想也是，当年初中班上的学生不论男女都追韩剧的时候，我却对它十分不屑。等到现在，大家都逐渐冷静理性下来，我才开始疯狂地为它着迷。

我的生物钟一定是晚了几年，一定是。

还好现在的我还只是高二，还有时间、精力、机会让我的青春疯狂一把。疯狂过后，重回平静。

3. 叛逆期

我的叛逆期似乎和追星期一样也来晚了一些。

厌学情绪和脾气无预警地集中爆发，对除学习外的一切事务都抱着极高的兴趣，虽然在别人眼中我似乎没什么改变，依旧是一个好学生、好孩子的样子，但是只有我知道，那只是在角色扮演。

所以，当我公然在课堂上不按套路地没有一味接受老师的批判而选择与她针锋相对时，全班的反应只能用目瞪口呆来形容。老师也显得有些出乎意料地慌乱。而我，一直保持着标准的"八颗牙"微笑，静静地看着她。

尽管表面上的我看似云淡风轻地微笑，但对视的时候，我的脑里其实是在飞快地想象接下来可能会发生的画面：老师一气之下抬手准备给我一巴掌，但是我眼疾手快地在她手掌落下来之前反手把她的手握住。然后顺势把书包一拉，顶着她错愕眼光，潇洒地转身，打开后门，然后把它重重摔下……

　　我甚至已经偷偷地收书包为我的幻想结局创造条件，可是结果……竟然是老师的转身和面无表情的一声"坐下"。

　　身边的人都为我躲过"一劫"而长舒一口气。

　　只有我，觉得可惜。

　　为我再也没有勇气去实现的帅气。

　　彻夜的烟花爆竹提醒我又一年的元宵到了。

　　而我却再也没有闲情像小时候那样兴奋地提着盏小小的花灯流连于人海。

　　热闹是别人的，我什么也没有。

单 人 旅 行

缎兮汐

1

像我这种从小在蜜罐里泡大的娃子压根不晓得外边的世界到底是啥样子的，每天的主要任务就是学习，除了学习还是学习，连放学骑脚踏车溜达回家的机会都没有。在这种统治阶级的"甜蜜暴政"下，我便决定爆发"第一次起义"——独自一人去厦门看海。我发誓，这绝对是我有生以来最胆大妄为的念头。

接下来，就是准备行李。当我还在沾沾自喜地沉醉于自个儿咋会有这么个新奇的想法的时候，在我偷偷地把娘亲多年不用的太阳镜从箱底翻出来的时候，在我还在冥思苦想地纠结着该带哪些衣裳的时候，娘亲那双视力为5.2

的迷人小眼就像把机关枪似的，把我从头到脚给扫射了一遍，硬是把我那藏在地洞里的心思都给掏了出来。紧接着再用她那每秒约为340米的声速传播到大街小巷，从而人人皆知。

"呀，兮汐啊，放学回来啦，听说你要独自一人去旅行啊？赶紧的，婶儿支持你。"

"嗯，婶儿好。"我特礼貌地冲她扯了个大大的笑脸。然后，我像老鼠过街似的灰溜溜地逃走了。

"呜……"有小孩儿在哭，原来是隔壁家的维维。

"再哭，再哭我就抓你去你兮汐姐那儿和她一起去厦门体验生活。厦门的生活可是很苦的，到处都是大山，一眼望去荒无人烟，而且野兽又多，你一去准被大灰狼给吃了。"我听得出来，这是王奶奶的声音。

奇怪的是那小家伙竟然不哭了，唉，小孩儿就是单纯好糊弄的。

2

到家后，我依旧面不改色地吃饭，天知道那时我的小心脏跳得多快。这要搁到战争时期，我绝对是那种誓死保卫国家的好士兵。娘亲看我如此淡定地坚守阵地，不得已，请来了那些个七大姑八大姨，凡是在家族里占有重要地位的人都轮番上阵和我打口水战，苦口婆心地劝我。

"兮汐啊，你一个女孩子独自在外多不安全啊，别去了啊！"

"放心，我手机会二十四小时开机，不会让你们找不到我的。再说了，不是还有民警么，真要出啥事我就找警察叔叔呗。"

"要真等有事时那就晚了，听姑姑的话，不去了啊！"

"反正你说什么我都不会改变主意的。"我特坚实地说。

"唉……"姑姑把声音拉得老长，还一脸"这娃没救了"的表情。

值得庆幸的是我老爹在外省出差，否则让他老人家知道我敢光明正大地有这种想法，一准让我哭得很有节奏感。

最后，轮到娘亲亲自上阵。我晓得，只要搞定了娘亲，这场没有硝烟的战争就会以我的胜利而告终。

"坐下。"简短有力的话，"决定了？"

"嗯，决定了。"我怎么感觉这句对白一般是出现在自家女儿要和谁长相厮守时的呢。

"你知道你自个儿才几岁吗？才十五啊。"

"娘亲啊，您也知道我都十五了，要再不干些我自认为惊天动地的事的话，那我这青春也忒荒凉了吧？您看我也没干啥早恋的事，不就想趁着假期去旅行一次，我长这么大连自个儿所在的城市都没出去过，您让我情何以堪啊？"一口气把憋在心底多年的话说了出来，再看看娘亲，似乎有所动摇了，我得赶紧趁热打铁，拿出我那招软磨硬泡的功夫。

"娘啊，您就答应我了嘛，就一次，我保证就这一次，您就答应我吧。"我使劲儿晃娘亲的肩膀，做撒娇状。

"嗯……"不晓得是因为被我晃晕了还是由于我说的话特感人，娘亲竟然破天荒地答应了。

Yeah！胜利，我不介意你们崇拜我的哈。

3

假期，我背着行囊如愿以偿地坐上了开往厦门的动车。

在上车之前，我很不顾形象地仰天大喊一声："大海，I'm coming。"

呐，单人旅行嘛，So easy。

右眼的世界

夏欣蓝

坐在教学楼的天台上，一阵风吹来，长长的刘海儿覆盖了半张脸，视线模糊地望着远方，什么都看不清楚。

"丁零零……"放学了吗？逃了下午所有的课，最终还是要回到那个被称作家却一点儿也不像家的地方。站起身，打开门走了下去。

我是一个普通得不起眼的高中生，在班里属于差生一列，我的逃课并没有造成老师的勃然大怒，对于我的恶劣行为，老师只是睁只眼闭只眼。有什么关系呢？对他来说，差生逃课是件再平常不过的事儿了。

看着校门口拥挤的人流，一拥进去，转眼就找不到刚才的身影，我不喜欢这样，于是站在原地用近视的右眼模糊地看着人流，直到夕阳渐落才回到家。

还没进家门口就从紧闭的门外隐约听见里面传来的争

吵声，女人歇斯底里，男人大吼大叫。已经习惯了，他们总是为了钱吵架。手里拿着的钥匙发出金属碰撞的声音。钱真是一切罪恶的源头。说是罪恶，却不管好人还是坏人都爱煞了它，归根究底都是人的欲望在作祟，没有谁能逃过物质的束缚。

天色已经暗了下来，我看见在路灯的渲染下，世界昏黄一片，好像争吵声逐渐小了，有了停止的趋势，楼道里很凉，家即使不温暖却是个避风所。又响起金属碰撞的声音，这一次我打开了门。

头也没抬的我径直走到冰箱前，打算寻找果腹之物，却什么也没有，眼前的冰箱就像一具空的躯壳，我想今天的晚饭是没有着落了，于是往房间走去。

我不知道命运之神为什么这么爱和我开玩笑，我听到父亲的声音在我耳边轰然炸开："吃，吃，吃！除了吃你还知道干什么？怎么养了你这么个赔钱货！花钱给你读书，你还敢给我逃课！""啪"，我的耳边响起一阵嗡鸣，脸上火辣辣的麻。我看到一个男人模糊的侧脸，表情似乎有些扭曲。

"跟你说话，你把老子的话当耳边风了是吧？老子生你、养你，每天还要看你脸色。还有你！你是怎么教她的？"话锋一转，又回到战争的起点。

"我怎么教她的？那你呢？你怎么不教她？一个月你回过几次家？我辛辛苦苦守着这个家，我容易吗我……"

整个世界瞬间一片喧嚣。我走回房间，那是个比较安静的地方，只偶尔会听见门外不大不小的玻璃破碎的锐利声音。

坐在窗前发愣似的看着窗外的万家灯火，感觉自己眼里起了一层温暖湿润的雾，什么也看不清了，然后润湿了眼眶，液体逃离了它的安居之所。那些刺耳的声音又清晰起来。

是啊，我只是个会依靠你们的寄生虫，除此之外什么也不会干，只会压榨你们的血汗钱。看着你们吵架了也不会摆出一张笑嘻嘻的脸，温言劝你们和解。你们生我、养我，一天到晚在外打拼可真是不容易！

可理应感觉幸福的我却一点儿也不觉得幸福。连我的生日都可以轻而易举忘记的你们真的是爱我的吗？这样的我也该感到幸福么？

感觉很疲惫，眼皮渐渐不堪重负地闭合起来。似乎过了很久，张开惺忪的睡眼，天已经亮了，阳光穿过玻璃窗洒下一地温暖，偶尔有风吹来，带着些花的香味。

看着镜子里的我，厚重的刘海儿遮住了左半边脸，右脸颊微肿。我静悄悄地出了门。街道上，男生女生一张张青春的笑脸刺激着我的视网膜。我低下头，加快了前进的步伐。

原谅我吧，我怕再迟一秒眼里的水雾就会弥漫开来。再美好的笑又于我何干呢？那都是不属于我的。没有人愿意接近我，靠近我的心。

性格孤僻的我受到同学们的排斥，成绩不好的我遭到老师的白眼。可谁想这样只能淡漠平静甚至不起眼地活着呢？

其实这样的我好想逃离，逃离这个阴郁灰暗的世界，到一个充满温暖的地方去。

看不清了，右眼视线越来越模糊，没人知道我的右眼已经近视了，父母也从不知道。不过也好，这个世界的伤害太多，何必看得太清楚？左眼的世界太过清晰，我甘愿只用右眼去看这个模糊不清的世界。

中午回到家时，没有扑鼻而来的饭菜香，没有喧嚣的争吵，有的只是一片寂静的冷清。沉默地吃了些已经冷掉的饭菜，看着这个空荡荡的家，终于禁不住哭出了声。

这种空虚的灰暗生活什么时候才会脱离我的生命？

屋子里充斥着我的哭泣声。我对自己说，放声哭吧！没人会知道。就像我逃避着左眼的清晰，用右眼为自己打造一个模糊的世界。

是的，没人知道，额前厚重的刘海儿只是为了遮住左眼，好让我生活在自己打造的世界里，自欺欺人地躲避那些伤害。

不可停留只可追逐的好风景

范 宁

1. 遇见

他们的第一次交集是在军训结束后的某个下午。那天，夏末的植物散发出最后的青春气味。柳柳在学校超市买了一大堆日用品和零食，挺沉，她站在路边乖乖地等外援。穿着白色T恤，趿拉着蓝色人字拖，嚼着口香糖的周海洋悠闲地路过。他主动提出要帮忙，她笑着点点头。

在路上他们一直沉默，直到周海洋说："我知道你。""嗯？"柳柳使劲儿在脑海里搜集信息，未果。

他说："你是军训拉歌时唱《Poker Face》的那个。"她使劲儿回想有关那次拉歌的全部信息，然后结论就是她觉得在军训队伍里又唱又跳像只跳蚤，形象尽失。

她有些不好意思地点了点头："噢……呵呵。"

他带着点儿了然于心的口气说："你是在路边等学长帮忙吧？""是啊。""你难道不知道女生要防火防盗防学长？"柳柳"扑哧"一声笑了。她侧头看着旁边的周海洋，他可真高啊，比自己高了一个头还要多。在她看他的那个角度，阳光正从路边的树木罅隙里泻下来。仿佛在他俩身处的世界里镀上了一层浅浅的金色。

然后世界好像是静止了，只有他们两个在行走。就这样一直走到了她宿舍楼下。他把东西递给她，当她要说谢谢的时候，他说："我叫周海洋。"他的眼睛看着她，好像在做一次很正式的自我介绍。他的北方口音好可爱。

"我……我是苏柳柳。"

说完她扭头就奔向宿舍。抱着那么多的东西她却那么快地爬上楼梯，在楼道里踏出"噔噔噔"的声响，楼道里的声控灯一下子全亮了。

他们是同班同学，照面的机会自然是不少。

打照面的时候，他的眼里总是饱含真诚的笑意，而她也会微笑回应，露出两个可爱的梨涡。这样浅淡的友好的一回一应也没有什么不好。但不知道是从什么时候开始，总是好像有一种冥冥之中的偶然的注定，他们的目光总是会不经意间碰撞在一起。

她被老师叫到黑板前抄写范文，写完转身的一瞬；她转过头和同学一起讨论题目，成功破解后微笑的一瞬；她从教室门口走进来，眼神稍稍环顾的一瞬……他们的目光便如金色的光线般轻柔触及，然后这光线就像触碰到了敏感物体般迅速地收回。周海洋和苏柳柳似乎都在有意避免这敏感目光的交汇，但是事实就是，你越想逃避，就越事与愿违。

这时候已经是秋天了，初秋，还不是很凉，校园里的桂花正漫天飘香。虽然柳柳更喜欢春天的桃花，但似乎在这个桂花的季节里她的心情更好呢。

头顶上大片的红霞轻轻地笼罩着整个校园，柳柳的白色衬衫似乎也被这红色染上了一点点浅浅的红。她围绕着操场轻柔踱步，听到后面的脚步声。也看见那人的影子与自己的一前一后叠在一起，像是操场上有一片流动的墨汁。她走他也走，她停他也停。不知为何，她脑袋里竟会第一个想到他。像是鼓足了勇气，但又装着不经意地向后看，果真是他。

"喂。"后面的他走到她前面去，"周末一起去公园玩吧？"他的眼里写满了期待与真诚。

晚自习铃声响起，操场上的同学纷纷跑向教室。他一把抓住她的手臂说："那算你答应了。来，我们一起跑。"没等柳柳反应过来，他就拉着她混进人群一路奔跑。他的手心很暖。

进入晚自习很久，她才对这一切缓过神儿来。

周末，秀山公园没有显出一点儿颓败之意，还是依旧树木葱茏，花红草绿的欣荣模样。

那些不知名的花开得真好看，她不禁俯下身子去闻。"咔嚓"一声，她转过头看，便看见一个相机镜头正对着她，镜头后是他笑得灿烂的脸。原来他也早早就到了。

"干吗拍我？"

"哪有拍你，我拍的是你闻的花，放心啦，我会把你从画面中给PS掉的。"

他们在花丛间欢快地奔跑，他拿着相机对着她一个劲儿地拍：奔跑的她，被风吹起清爽短发的她，害羞得捂脸的她……

天边的红霞渐渐消散的时候，他送她回家。送到她家楼下，他转身离开，他的背影渐渐融入夜色，她忽然觉得有一丝凉，大概是夜色渐凉了。

2．不可停留

好像他们之间的粉色小情愫已经在暧昧中沉淀了，只差没有说出口。但是接下来发生的一切让人不懂了。

英文口语交际课上，年轻的外教总是给出很开放的话题让大家发言。平时柳柳在这样的课上是很活跃的，她的英文口语好。而现在的她没有参与讨论。她托着下巴，望着从窗外漏进的光束中细末的尘埃。直到老师走过来，敲敲她的课桌："You，please."

"Do you have a crush on somebody?（你有暗恋的人吗？）"题目一出，全班一阵起哄声，知情人纷纷朝周海洋怪笑，教室里炸开了锅。

没有想到老师会问她这样的问题，她涨红了脸看着老师，用求救的眼神。但明显的，她的眼神并没有得到回应。老师笑着说她的答案他会保密，他不会无聊到跑去跟她的班主任告密，同学们也相信他不会。

全班同学都用期待的目光包围着她。她不知道周海洋是不是也这样。

十分轻松的语气，音量刚好，教室里的每一个角落都能听到的一句"No，I don't"。她的回答顿时引起了唏嘘一片，看好戏形成的气场瞬间就漏了气。

她坐下，没有看任何人的表情。

那些知情的爱八卦的女生表示很惊讶，这剧情是不是发展得太突然了，昨天不是还好好的么？

周海洋看着她坐下，看着她清爽的短发，看着她瘦瘦的肩膀，然后把头埋下去，任何人都看不清他的表情。

放学后，他拦住她。

"嘿，是因为在课堂上你才不好意思承认的吧？"他的语气轻松又调侃，末了还加上一句嘲笑的"胆小鬼"。他想，关于爱情这个话题，她再开朗，当着那么多人的面，还是会不好意思说出来的吧。

"不是，跟地点和胆量都无关。"她躲开了他伸过来的手，向前走。

他看着她清瘦的背影，是那么决绝的姿态。

"那么，苏柳柳，请你告诉我为什么？"他朝着她的背影大喊。他不明白自己做错了什么。他跑向她，用尽全身力气去追。听见他的跑步声，她也跑了起来，也像是用尽全身力气不让他追上来。她自然是跑不过他的，在他已经在自己身后的时候，她转过身来狠狠地推开他。她的双眼已是泪水充盈。

"如果只是遇见，不能停留，那么不如不遇见！"

他站在原地，不再去追。

周海洋是为数不多的从北方转来南方这所学校暂读的学生之一。读完高一，他就要回北方。他不知道柳柳帮班主任整理文理分科意向表时老师告诉她了。他也不会看见走出办公室的她的眼睛顿时就红了。

她哭泣，他的耐心，他的好脾气，他的幽默……这些她喜欢的他的一切都将离开她的世界。她生气，既然不能停留，那为什么又要闯进她的心房？

他无数遍地道歉。可是道歉又有什么用呢？况且他本身就没有做错什么，错的是时间。

他走的那天，他在教室外面，她在教室里写作业，刚好一抬头的瞬间，眼神交汇。那一瞬间，她有一丝的恍惚。还没有阅读完他眼神里的全部内容，她就低下头去，继续写，好像窗外的世界与她无关。余光感受到窗外的那个人已经离开，她才卸下伪装，趴到课桌上，把头埋进手臂间。

"如果只是遇见，不可停留，那么不如不遇见。"泪水早已把这句话晕湿。

3．只可追逐

无论是在南方还是北方，日子都这样飞快地向前奔赴着。

高二，她进入文科重点班，她决定要留长发。

高三，她主动放弃了校刊主编的职务。

她只愿自己沉浸在题海里，不愿出来。

高考分数出来的时候，她的爸爸妈妈喜气洋洋地接受着亲戚们的祝福，她却忍着眼泪关上房门，翻出高一时候最爱的那个笔记本。来不及抹去上面那层细细的尘埃，翻到最后的一页，那里是一串号码。

几乎是在下一个赌注。两年的时间，她的短发都变成了披肩的长发，号码的变换则更加容易。

电话通了。"嘟……嘟……嘟……"的声音让她握电话的手有些微微颤抖。

似乎是响到最后一声"嘟"那边才接电话。而她已经满手心汗。

"喂，哪位？"这个声音让柳柳似乎回到那时布满彩霞的傍晚。她回想起他走之后整天浸泡在泪水中的自己，努力使自己振作起来的自己，不管不顾使劲儿努力学习的自己……

"周海洋'大坏蛋'你听着，我要跟你报一所学校，快告诉我你志愿填哪里，从实招来，不准谎报！"

电话里的他呵呵地笑了，仿佛他早就料到有一天她会打电话过来跟他霸道地说这些话。他也在跟自己打赌，留给她的那个手机号码从高一一直到现在没有换。

"南方小妞，你确定要来我们北方？"

"对啊，北方哥哥，小女子十分想看看你去我们南方深造一年再回北方以后有没有变聪明一点，顺便瞧瞧你们北国的好风景。噢，对了，还要向你们展示一下南方妹妹是多么的水灵又聪明，执着又坚强。"她故意把"执着又坚强"几个字说得很重。他就笑。其实他又何尝不执着呢，不然他不会一直不换号码，不然他们俩的分数不会如此高而接近。

"好啊，我要带你看完所有的好风景。"

他语气笃定，她笑得真甜。

如果只是遇见，不能停留，那么不如不遇见。她知道，只有自己去努力，去追逐，才能让她遇见的那些美好的风景为她停留。既然她的好风景不能停留在自己的江南里，那她就以同样优秀的姿态去他的北国里。从南方到北方，从小桥流水到万里冰封，一路美好的风景，她都要欣赏完。

　　他见到她的时候，长发及肩的她那么美好地站在阳光里，他笑了。她扬起头，像一位骄傲的女王般检阅着这座城市所有的好风景。

你比童话更遥远

蓝格子

1. 距离高考一百五十天

"砰。"

许然以不轻不重的力度将一本杂志拍到我桌上,零零散散的书籍像是受了惊吓纷纷掉落。

我自动搜索了一下,发现那就是我最近上稿的证据,然后脑海中高速地想出了数十个可供敷衍的理由,并换上了一副无辜的模样。

当我调节好情绪准备与今天的太阳永别时,许然像个不谙世事的孩童笑了起来然后以无比嘚瑟的语气跟我说:"看,男主的名字和我一样呢。"

我默默擦掉额头的冷汗没心没肺地笑着应和着,心里却将自己抽了千万遍——叫你懒不改名字，这也太容易暴露了吧。

过了一会儿，许然又缓缓开口，每个音节都清晰入耳："不过这个笔名是蓝格子的有点儿像你呢。"

我迅速摆手宣告自己的无辜然后肯定地贬低自己："怎么可能，我就是一介文盲。"

"真的吗——"尾音拖得很长。不知怎么，我突然觉得这句话有点儿悲哀，探索想要的结局未果的悲哀。

然后，我看着许然的眼睛连忙摇头，这可不是矫情告白的时刻，我提醒自己。

送走许然大人，阿格又移动凳子挪到我旁边在耳边轻轻吐出了两个音节："格——子——"一字一顿足显恶毒。

"话说你真的不打算让他知道这就是你？"阿格握住我的手说道。

"朋友是最好的距离。"我看向远方浅浅说道。

"你又矫情，真是受不了。"

怎么可能没有想过呢。

看见家里成堆的杂志，每一次我都有把它们甩到许然面前的冲动，然后大方地说出那句喜欢。可是每一次这些想法仅限于几秒钟的冲动，冷静下来便迅速被扼杀在摇篮之中。

我不是不敢，只是还没有充足的勇气去面对失败的结局。或者说我害怕失去，那不如以最安全的距离守护。

2．距离高考一百天

"年又又。"

"嗯。"

"没事，就叫你觉得好玩儿。"

……

我一直不懂这世界上为什么会存在许然这样的奇葩，他人奋笔疾书的时候，居然以取笑我为乐，而且是如此无聊的把戏。

我紧握着笔恶狠狠地看着面前的数学题。"数学不好的女子比较淑女，数学不好的女子会有人要，数学不好的女子比较可爱。"我以不同的理由安慰自己，却找不出一个借口去搪塞高考。

难道有人说过数学不好的女子可以直接通过高考吗？好像没有。

大抵是看出了我的窘境，许然自动凑过来，然后似同情地看着我面前的题目轻声问道："它被你看了这么久都不好意思了。"像是对情人说话的语气，温柔不加暧昧。

"滚！"

"滚可以，但是我要解救它。"说着他便拿走了题目自顾自地拿出草稿纸演算。

没有阳光、没有落叶，没有应该出现的一切烘托气氛的东西。可是那时的许然却是万花丛中一点绿，干净！

当然，过了一会儿许然便灰心丧气地归还了题目，以无奈的语气告诉我说："敌人太强大！"并附加N条理由以表强调。看着他点头的模样我便笑出了声，然后回头阐述了自己的看法。

"我就说这个思路是对的，我只是计算错误！"

"你什么时候说过的！"

"我有说过的，年又又你耳朵不好。"

"你！"

"你想夸我聪明帅气集英俊、智慧于一身吗？我接受。"

……

我想这样就够了，如果能一直就这么看下去。

朋友也好不是么？至少可以陪你走过一程。

3. 距离高考五十天

高考的氛围越来越重，学校出于人性考虑也在教室里摆放了一台空调，窗帘拉起门窗紧闭，倒是有了与世隔绝的意味。

某天回教室时在门口便听见许然的笑声，正准备推门进去时却听到刺耳的一句："年又又喜欢你啊许然。""呵呵。"绝对不会出错，这是许然的声音。

我想我怎么就碰到了这样难堪的画面，是装作若无其事进去和众人打闹，还是站在门口继续倾听他人的冷嘲热讽？正当纠结之时，拉着门把的手突然有了震动，"哐当"门开了。

就那么突然被置于舆论的顶峰。我站在那里进退两难。

众人的表情像是吞了黄连变成酱色，许然呆站在那里挂着难堪和那么一丁点儿的羞愧。

"请让一让，谢谢。"我抬起头对面前的人说道，礼貌而又疏离。

许然也连忙让开过道，他转身的那么一瞬间，我想我们再也不是朋友了。

也许我们一直都不是朋友，我的心思一清二白他又怎会感受不到？

事后又好像是过了好久。那些"对不起"扑面而来，我客气地对每个人说"没关系""不介意"，心却慢慢地上了一把锁。

而许然也再也没有联系。他埋于数学之中而我做梦都是政治，我想这也是一个高考生应有的姿态。

高考真是一个完美的借口。

据说压死一个人需要五百斤的重量，而压碎一颗心只需要一句话，两个字。

呵呵。

4．距离高考零天

黑板上的"0"不知被人涂抹了多少次，加粗的笔迹突然有些悲壮。

也有较为感性的女子哭出了声，而更多的是面无表情。这就是高考，用一年的时间将你打磨干净褪去稚嫩，然后放入战场之中。

身边的人收拾着东西，不是寄宿生自然也没有大包小包的行李。像每个平常的午后我们互道一句再见，然后就真的再也不见了。

7号，8号。

被太多笔墨渲染的两天也不过是四十八个小时，交完试卷的那一刻也真正明白心如止水的含义。

蓝格子的名字已经很少被提起。

我想我终会被遗忘。

5．末

手机响起的时候我正在南下的火车上。

没有理由的强烈预感。

"对不起。"许然的声音从听筒那端传来。

只是那称呼是我熟透入心的名字：蓝格子。

原来他早已知晓。我突然想起许然那日拿杂志的样子，不知他需要的是不是我的一个肯定。

"我们坚持了许久的结果是不是一样的。"

"据说注定要在一起的人无论绕多大圈子都会相见。"我将手机卡丢出窗外时轻轻念叨这句话。

你说是么，许然？

那些花儿不说话

筱　落

1

我似笑非笑地看坐在前面的一洋被一道文学填空弄得抓耳挠腮，冲一旁的叶子挤眉弄眼。

果然，一洋抡着笔杆转了过来："妹妹啊，这道题怎么填啊？"我瞟了一眼一洋，得意扬扬地说："这你都不会啊，这我念……""这你念学前班时就会了，对吧？"一洋不屑一顾，一旁的叶子窃笑。

"错，这我念幼稚园时就会了！"我白了一洋一眼，一洋咧开嘴笑了。我刚想鄙视，突然发现一洋笑起来那样好看：眯着眼睛，露出一排洁白整齐的小牙。我定定地看了半天，对叶子说，这是我这辈子见过最温暖的笑容。

一洋是个不折不扣的高才生，成绩稳居年级第一，除了语文几乎每科都是第一。所以语文成了我向他炫耀的唯一资本。我叫他哥，他叫我妹。我是个文科排在年级前三位，理科不及格的孩子，这一点所有的人都为之摇头叹气。

马上初三的上学期就要结束了，我的成绩依然不见丝毫起色。我依然一副满不在乎的样子整天晃在学校里涂文字，看小说，鄙视数学老师，同一群所谓的差生打闹在一起。

父母、老师都对我失望了。

而最失望的，还是我自己。因为只有我自己看到了那个在黑夜里哭泣的我，只有我自己看到了咬着牙做数学的我……

2

期末的数学成绩依然惨不忍睹。

我闷在家里，一遍又一遍地做着x+y=z，一直到麻木。

猛然间发现竟已将喧闹的大年过完了。

叶子打电话过来时，我还在忙活着化学作业。

"今天元宵节，一起出来看烟花吧。"叶子的声音从电话那头传过来。我数了数化学练习册，还剩五页，说

"好"。

广场上人很多，天异常的冷。我只穿了件牛仔服冻得直跺脚。然后同叶子不停地侃，讲小时候的事情。讲着讲着，我突然停住了，原来，我一直以为就发生在昨天的事情，竟属于"小时候"这个遥远的词。

烟花开始在夜空中盛开。突然，叶子说："落落，记得么，那时候你总是班里的第一，这么长的岁月过去了，你还是我心中的第一，我一直相信你能做到我所相信的。"然后她仰头看天空烟火盛开。我偏过头去，没让她看到我的眼泪滑下来。

3

初春。风很硬，很硬。

我开始为中考体育加试的30分拼命。

每天绕着操场不停跑，不停跑。喜欢这种漫无目的的奔跑，喜欢这种没有终点的跑道，如生活，我的生活。

和叶子去校门口的小卖部买冰水，听冰水滑过喉咙的寂寞声音，然后相视而笑。

日子就是这样枯燥。

这天天很阴。我莫名地开始把书本往地上扔。一洋看了看我，起身把东西捡了起来放在我桌上。我不耐烦抓起来继续扔，一洋继续捡。如是几次后，我停下来，一洋定定地看了我半天，没有说话。

　　我站起来向门外走去，背后响起声音："天冷，穿上外套，别冻感冒了。"那一刻，突然感到阳光闪烁。

4

　　我狂躁的脾气随着天气的渐暖开始变得柔和了起来。

　　每天的生活越来越简单：跑步、跳远、扯着一洋问数学题、同叶子谈天……开始学着模糊地微笑，学着用吃辛辣的东西代替用圆规划伤左臂，学着取舍……不知不觉中，日子竟在日渐炎热的太阳下慢慢融化，直至消失。

　　我的数学竟然考了及格，104分。我恣意地笑着，看所有人惊讶的表情。叶子在后面抱住我，轻声笑着。我看见一洋笑容灿烂，他说行啊，妹妹！我便摆出一副臭屁的模样说那是那是，我是何许人也？然后三个人一起狂笑不止。

5

　　就好像忽然间似的，教室后面的倒计时牌竟挂上了大大的"0"，格外刺眼。

　　毕业典礼就在大大的阶梯教室里举行。

　　一洋上去告别时，他一张嘴，我就哭了，眼泪稀里哗啦的，用手抹来抹去也抹不干净。身旁的叶子握着我的手，递给我一包纸巾，说："亲爱的落落，别哭啊，一会儿被林一洋看到了又要嘲笑你了……"然后，叶子突然也哭了出来。

我们就这样一直哭一直哭，哭到吃毕业饭时。我们都哭得东倒西歪，面对一张张熟悉的脸，却说不出话来。我们一起唱歌，一起放浪形骸，告别一段青春。

放榜那天，我已经在网上查到了成绩，可我依然骑着单车跑到校门口看成绩单。

我看见一洋高居榜首，看见我数学成绩的一栏写着：140分。

那一刻我差点儿掉泪，回身走出人群，眼前浮现出太多太多：我看见一洋的笑容，他说妹妹我一直相信你，你也要相信你自己。我看见叶子的眼神明亮，她说落落，我永远支持你，一定要快乐……

我真的做到了，走出了那段灰暗岁月。我感谢我曾经生命里的那些花儿，你们默默地守望我，让我永生铭记。

那颗最甜的糖，是你

短发女生

　　我想我小时候应该是个不讨人喜欢的女孩子吧，要不然她为什么总是那么讨厌我。

　　她的房间里有一个黑漆漆的木箱子，外面挂着一把大大的铜锁，里面藏着她的很多东西，都是不轻易让别人碰的。那里面有小孩子最喜欢的糖果。我记得那时哥哥姐姐伸手向她要糖果，她便乐呵呵地从口袋里掏出钥匙，不太利索地将铜锁打开，从箱子里抓出一把，慈祥地一颗一颗数着分给他们，可是她唯独不肯分给我。

　　有时我觉得委屈，便也伸手向她讨，她的脸色一下子沉下来，一掌拍开我的手，说："就你嘴馋！"语气里满是嗔怒。接着就把分剩的糖果放回箱子里锁好，就是不肯给我一颗。偶尔，哥哥姐姐悄悄地掰了一半给我，她不小心撞见了，便上前夺走，将哥哥姐姐骂得头也不敢抬。久了，我便怕了她。虽然那时年纪尚小，却也感觉得到她是打心底里不喜欢我的。

那时我才七岁。因为父母常年在外地工作，便托了她照顾我们兄妹几个的生活。我是个乖戾的孩子，被她这么一欺负，便动了歪脑筋来对付她。

她每天傍晚都要去邻村挑水煮饭，我一见她挑着水桶晃悠悠地出去了，紧接着就把门锁了。她挑水回来进不了屋，就在外头气急败坏地用扁担敲门，开口讲一些难听的话，我趴在门缝里看着她暴跳如雷的模样，心里不知有多高兴。

后来我给她开门是因为我折腾够了，肚子饿了，觉得没她煮饭真的不行才向她妥协的。这一招屡试不爽，因为我知道当着村里人的面，她是不敢拿我怎么样的，她怕面子挂不住。

可事后她却总能找到法子治我。她知道我怕黑，便把我锁进衣橱里。任凭我在衣橱里怎么哭闹，她也不理，自个儿煮饭去了。等她煮好了饭，她也不放我出来，也不让哥姐来找我。等她们全都吃饱了，我哭哑嗓子了，她才从衣橱拉我出来，一边抓着我的手，一边打我，嘴里振振有词地说："看你以后还敢不敢！"她把留出来的饭菜往我面前一推，也不给我盛饭又忙去了。那会儿我常常一边往碗里扒着饭，一边透过碗沿狠狠地瞪她。

她不知道，她越是这般对我，我就越是反抗。

她不给我糖果吃，我就自己想办法。我常趁她睡午觉的时候溜进她的房间里，小心翼翼地从她口袋里抽走钥匙，蹑手蹑脚地打开箱子，抓了一把糖果装进口袋里，又轻手轻脚地把钥匙放回她的口袋里，把一切做得天衣无缝。然后溜出她的房间找个没人的地方躲起来把糖纸一个个剥开，一颗颗扔进嘴里嚼得嘎嘣嘎嘣响。

然而，她终归是个细心的人，察觉到箱子里的糖果总是莫名其妙地少了之后就起了疑心。

有一回，我像往常一样溜进她的房间里偷了钥匙，打开箱子正欲拿糖果时，她突然像突击的士兵一样从床上跳起来，我当时吓坏了，也忘了逃跑，任凭她拧着我的耳朵开始大骂："好啊，小小年纪就学坏，你真不让人省心啊你！"

她把我拉到客厅上，找了藤条就往我身上抽，那藤条抽在人身上是皮开肉绽般的疼，我哇的一声哭了。她一点儿也不心疼我，反而一直大声呵斥着："我让你偷，现在不好好教训你，小时偷针，大了就偷金！"

她是动了真格的。慌乱中我抓了她的手臂张口咬下去，她松了手，我赶紧往门外跑去。那天晚上我不敢回家，就躲在附近的一个林子里。直到暮色四起，月上柳梢头。我靠在一棵老树下拼命地想爸爸妈妈，心里满是委屈。

我想我就是在那时开始恨她的。

我靠在那棵树下哭累了，就昏沉沉地睡了过去。她是在半夜里央求村里的几个大伯帮忙找到我的。她以为我一个小孩子闹脾气，等天黑了就会自己回来的。可是我却一直没回家她这才慌了，挨家挨户地来寻我，寻我不见，她急了，低声下气地托了村里的人，才在林子里找到了已经睡熟的我。

　　我醒来时，发现自己睡在她的床上，因为夜里着了凉，全身乏力，很是难受。她守在床前抓着我的手，喃喃地说了许多话。她说："要是你有个三长两短，我怎么向你爸妈交代啊。"我神志不清地叨念着："糖，糖……"她听了，长长地叹了口气，不一会儿就熬了一碗鸡蛋红糖水，一勺一勺地吹凉了送到我嘴边。

　　这是她留在我记忆中最深刻的回忆。我一直在她身边待了三年。这三年里，我们之间的冲突不曾减少，我跟她吵架、顶嘴、对着干，总是把她气得喘不过气来。后来父母决定回家乡工作了，我才回到父母身边生活。父亲不止一次劝她搬过来跟我们一起住，可是她舍不得离开那所和姥爷生活过的老房子。

　　每次我都会从父亲身后跳出来，冲着她扮鬼脸："不来才好，我才不要跟你住在一起呢。"父亲听了，生气地扬起手作势要打我，我怕了，急忙跑到她身边寻求她的庇护。她一把把我拽到身后，瞪着父亲："小孩子不懂事，你这是干什么呢你！"等父亲的脸色缓和下来了，我又迫不及待地挣脱她的手跑开了。

虽然我们不在同一屋檐下生活了，可是儿时她对我的种种不好我却是很久都不能释怀。

我想她既然不喜欢我，我回到父母身边生活，她也好落个耳根清净，正所谓眼不见心不烦吧。

我回到父母身边后，就一直忙着读书，开始了寄宿生活，我们就真的没怎么见面了。放长假的时候偶尔跟随父母去看望她，我也是离她远远的，总是和她亲近不起来。有时她也会带着自己种的瓜果蔬菜来看我们，可我待在家的时间不多，我们也就没机会碰上。只是从哥哥姐姐的嘴里听说她常叨念着我，不晓得她最小的外孙女是否还像小时候那么顽皮。

我是在上课的时候突然接到父亲的电话得知她走了的消息的。我握着手机，听到父亲的声音一下子苍老了，他说："你姥姥她，走了。"在读书声琅琅的教室里，我的眼泪突然不可遏制地掉了下来。

我恨了她那么多年，只有我心里知道，其实我是渴望得到她的爱的，渴望她也可以给我像她给她其他外孙那样细心呵护的爱，可我终是可望而不可即。

她走的第二天我回去参加她的葬礼，又踏进了她住过的卧室，那间阴暗潮湿的老房子。我看见表哥表姐正在帮她清理房间，居然从抽屉里清理出了一大袋一大袋受潮的糖果来。表哥见了我站在门外，突然说话了，他说："你不知道吧，这些糖果都是我们平时探望姥姥时买来的，可姥姥特意藏了起来，说是要留给你的，她说你从小就爱吃甜食。"

我尴尬地笑了笑，却不知怎么去接他的话。这怎么会呢，她从小就讨厌我的，不是吗？

我从房间里走了出来，被父亲叫去帮忙整理摆在八仙桌上的贡糖。这时隔壁邻家大嫂六七岁嘴馋的小孩子突然跑了进来，伸手便往盘子里抓了一把糖往嘴里塞。邻家大嫂伸手就夺了回去，把小孩子一下子吓哭了。我看不过去，就说："大嫂，不就一颗糖吗，给他就是了，用不着跟小孩子一般计较。"邻家大嫂的脸色有些尴尬，耐心跟我解释道："这孩子正是换牙的年纪，哪能给他吃那么多糖呢，这恒牙要是换不好，那可是影响一辈子的事情啊。"

我愣住了，我隐约记起我待在姥姥身边的那几年，也刚好是换牙的年纪。

我转过脸去，眼眶突然变得异常酸胀。我剥了一颗糖放进嘴里，糖很甜很甜，可心却开始慢慢疼痛。

她欠了我一颗糖，这成了她最大的牵挂；可我也欠了她一颗糖，却是以后都还不起了。

我们都会好好的

出　走

黄梦佳

阳光砸在河边的柳树上，于树叶间隙中筛下点点光斑。大和站在一棵柳树旁，遥远地朝我招手。我大步大步地跑过去，自我感觉颇有刘翔跨栏的风姿。

待我跑近，大和大喊"螃蟹刹车"。我停了下来，大和有些促狭地笑，"这是什么新型的跑法，这要横着看就跟螃蟹似的。"我瞪了他一眼，心想我这不是心切如螃蟹，而是心切如离弦的箭么。

大和说："行了，说正经的，钱带了没有？"毕竟是心肝宝贝，我慢吞吞地从口袋里掏出两张皱巴巴的纸票。大和接过钱，沉默了两秒，手抖了一秒，又沉默了两秒，说道："小林同志，虽说谈钱伤感情，但我不得不说啊！你说，这才两百块怎么够，敢情两天后咱们就可以喝西北风了。"

我有些憋屈地说："我只剩这些了。"

大和重重地叹了口气。

"你呢？你带多少？"我问道。

大和比了一个打枪的手势。

我大吃一惊："八百！"

大和翻了个白眼："八百你个头！八十。"

我怒道："那你还盛气凌人什么啊！"

"这是我全部的私房钱了……"

"私你个头！用词之前给我想清楚。"

"……"

我缓了一口气，尽量让自己平静下来。"败家子儿，你的零花钱不是每月五百吗？怎么就剩下这么点儿？"

大和抬起头看了我一眼，又迅速低下头去，像做错事的小孩子。"都买《海贼王》漫画书、《海贼王》手办、《海贼王》组装模型了……"

我刚平息的怒火再次腾起，头顶冒出一片蘑菇云："我怎么不知道哇！你怎么没借我……"

"啊，这是什么，神马转折，我们刚才明明是在谈论钱来着……"

"转移话题也没用，你说你怎么没告诉我，作为难兄难弟，你……"

……大吵大闹一番后，我和大和坐在柳树下，靠着树干沉思。

大和忽然开口道："你说，我们到底要不要私奔啊！"

"滚！谁跟你私奔了。"

"小气，我只是运用比喻，生动形象地概括我们的A计划而已。"

"A计划？"我疑惑地问，"还有B计划吗？"

"有，不过是候补，目前还处于空白阶段。"

我被大和彻底挫败了。

大和无比认真地说："我发现你一直跑题，这样吧，我一个一个发问，你一个一个答，保险些。"

我心说那是你思维太发散了，导致我忍不住吐槽，结果从来没有说到正题上。大和也不待我回答，直接发问：

"资金不够，请问我们还要不要私奔？"

"混蛋，可以改个词吗？"

"你看你又跑题了……"

"当然要。"我咬牙切齿地说。

"我们私奔去哪里？"

"不知道。"

"我已经想好了。我们就朝着太阳的方向，美好的明天，梦想的彼岸，一直一直地，走下去，好不好？"大和的"安妮宝贝情结"大肆泛滥，对着太阳作陶醉抒情状。

"大和宝贝，太阳是东升西落，一直朝着太阳走的话，我们会回到原点的。"

"笨蛋，中午12点之前我们朝着太阳走，12点后背着太阳走就行了。还有，你那是什么下三烂的腔调啊，阴阳怪气！"

"……"我只能说傻帽到处有，傻到这程度的很稀少。

就这样，我们开始实行不是计划的A计划，朝着太阳私奔，哦不，是离家出走浪迹天涯。我回头望望家的方向，叹了口气，真有点儿舍不得离开这个囚笼，有零食吃有电视看，有暖和的床铺和毛茸茸的玩具熊。而不是像现在这样"足蒸暑土气，背灼炎无光"的自讨苦吃。但这是很多人都有的通病，不断追求更安逸更便利的生活，一旦拥有欲望便想要与众不同的人生。不断地追求追求，所以最后人类才会占上食物链的最顶端吧，成为看似柔弱却几乎无所不能的最高层捕食者。

路上人很少，大概都在家"隐居"着，也是，谁会在这么热的太阳底下像傻瓜似的闲逛。走到四肢乏力，我喊住走在前面的大和，"喂！我们走了多久了？"大和说大概有两三个小时了吧，然后抬起手看了一眼手表，"咦"了一声，"才一个小时。"这就是所谓的"时间错觉"，我很想晕倒。大和说这点儿痛苦算不了什么啦。那个贝多芬耳聋了，不还创作了《黄河大合唱》。我想告诉他，《黄河大合唱》是冼星海的作品，什么时候变成外国人创作的了？简直是白痴，作为一个文科生你羞不羞啊！但是已经无力反驳，只得听大和继续絮絮叨叨。

又走了一段时间，我忍不住开口了，我说："你觉得这像离家出走吗？青天白日朗朗乾坤的，一点儿气氛都没有。我跟你说过了，应该找个黑黢黢的夜晚，偷偷溜走，这样你妈一大早起来叫你起床，掀开被子，嘿，人不见了。那才符合小说意境。"

大和看了我一眼："有说话的力气不如用来走路。"

"我是离家出走的好孩子又不是苦行僧。"我说道，忽然又想到一个问题，"说实在的，我到现在还不知道你为什么要离家出走。"之前大和跟我说他要离家出走，我说捎上我，理由没问，没头没尾地就出走了。

大和显然忘记了他说的"把说话的力气放在走路上"的言语，一副义愤填膺的表情："说到这儿我就气，我爸妈居然要我考2P学校！"

我说："得了吧，我妈要我考1P我都不敢有怨言，你考2P你埋怨啥啊！"

"我还没说完哪。"大和说，"太看不起人了，我是这么没追求的人吗？"

"如果没记错的话你上学期年终考总分还没过四百吧。"

大和神色"安详"，那种被船桨打乱的浮萍在水波中颠簸一阵后试图回到原来的位置故作稳定的"安详"。

大和很快转移话题："真是好热啊，找一处树荫休息一下吧！"

忽而，大和一脸迷惘地望着我："你为什么也离家出走了？"既然把话题转移了就不要转回来了嘛。总不能告诉你我的梦想是钢琴师，但活了十几年还没摸过钢琴的人有资格大言不惭地说我的梦想是成为一名伟大的钢琴师吗？我因此而矛盾而惘然而空虚所以离家出来透透气，这话我说得出口吗？我心里这样想着，嘴上却说："我想干什么就干什么不行吗，没理由行吗！"

"你以为是逛街呢。"大和不满地说。

身后忽然鸣起一阵刺耳的车铃声，紧随着是刹车时车轮与沙地的摩擦声。我和大和不约而同地转过身去，便望见我们班那个经常向老师打小报告爱好是动用"满清十大酷刑"的班长骑在自行车上一脚踩着脚踏板一手叉腰，竖着眉瞪着我们。

我想，中国人最讲究礼尚往来了。来而不往非礼也，于是我也瞪了回去。

班长说："瞪什么瞪，再怎么瞪都是小眼睛。"

我说："你没事向我们放电，我当然要扩大接收面积。"

大和说："班长大人你骑你的自行车，我们走我们的羊肠道，这井水不犯河水的，请您高抬贵手别再管我们了。在学校已经被您压榨成鱼骨，您难道还想拿着鱼骨去剔牙？"大和努力卖弄自己的文采，我当他是在炫耀自己匮乏的文学积累。

班长说："你们，蹲在这装东北农家的狗我是没意见啦！可是你们碍着我的眼了。"

大和说："嘿，班长你这话就太伤尊严了。"

我心说这女的分明是来找碴的吧，多一事不如少一事。于是站起来说："班长，我们不碍你的眼，请你自由驰骋别管我们两个小喽啰。"

班长左脚踩着踏板，我们等着她下一步的动作。不料她忽然没头没脑地说一句："你们是离家出走吗？"

我和大和大吃一惊："你怎么知道？"

班长也摆出一副吃惊的模样："不会吧，你们真离家出走？我开玩笑的。"她又继续说道，"为什么要离家出走？"大有知心姐姐的范儿。

大和说："我的梦想是当一名足球运动员，即使踢得很烂。可是长辈会认为这不切实际吧，'万般皆下品，唯有读书高'主宰了他们的大脑。我有一种如果一直待在这里，梦想就无法实现的感觉。最初滚烫沸腾的血液也会逐渐冷却。梦想就像气球，如果攥在手里久了会瘪，连飞天的机会都没有。"

面对美女班长，大和说了很多从来没对我说过的话。我很不爽，我还以为他的梦想是成为海贼王呢。我带着嘲讽的语气说："气球即使飞天了，迟早也会破裂。"

"梦想又不真的是气球。"

"是你自己打的比喻好吧。"

　　班长忽然冷笑道："现在这样子又能怎样呢？能实在梦想吗？这只是个华丽的借口吧，对自己的退缩。"班长顿了一下，看了我一眼，又说道："譬如想学钢琴就报个培训班啊，并向父母保证，你们的期望我能实现，所以我想做的也请放手让我去做，如果能为父母所期望的和自己的梦想一起努力，父母也不会有所阻拦吧。

　　"或者你们的出走只不过是血液里有那么种浪迹天涯的渴望和叛逆的味道，就自以为是，因为只要自己做出不一般的事来就能大放异彩。如若真是这样则实有自恋之癖。"

　　"不是……"大和嘟囔着说。

　　班长摆摆手，说："我不管你们了。我要回家了。在家人的庇护支持下，慢慢长大，收获硕果！"说完后她骑着自行车慢悠悠走了。

　　我忽然很想回家，像冬天的大雁对南方深深的渴望。我对大和说："我想回家了，黄金档有《海贼王》。"

　　大和说："我也想回家了，我妈炖了鸡汤。"

　　我们都没有拆穿对方。

　　这一次长达一个多小时的出走，或者根本称不上的出走，就这样结束了。

手套里的不可预知

赫 乔

1

高三那年的夏末秋初，我认知了古颜。那时，几个班重新分班，我的后桌是原三班的女生。记得第一天遇见她时，她穿着白色衬衫，浅绿色雪纺裙，我的心怦然跳动，却仍是平静地说："嗨，我叫陆赫乔。"她的嘴角微微上扬，"嗯，你好。"

后来我才知道她的名字：古颜。我时常暗地里打量她，心想：面无表情，连笑容都是淡漠的，这样的女生该是有着怎样的心事堆砌忧伤？

可是，她好像连忧伤都不屑于显露，永远都是那么波澜不惊。清晨，我听她在座位上读她喜欢的宋词，声音平缓干净：

> 空城晓角，吹入垂杨陌。马上单衣寒恻恻。
> 看尽鹅黄嫩绿，都是江南旧相识。
>
> 正岑寂，明朝又寒食。强携酒、小桥宅。怕
> 梨花落尽成秋色。燕燕飞来，问春何在？唯有池
> 塘自碧。

世界上是不是真的有一见钟情这回事？如果有，那我就是其中一个，如果没有，那我便是个例外。

而每当看到古颜低头写诗的时候，我就觉得我不止是一见钟情，而且是一厢情愿。因为古颜，她仿佛是超脱世俗的禅意女子，而我，恰恰就很世俗。

所以我开始了不能自拔的暗恋。每一次，穿着同样的白色T恤衫；每一次，回过头给她讲微冷的笑话；每一次，装作不经意地与她擦肩而过……我想，我会努力记住她的一颦一笑，一个淡漠的眼神，或是一个寥落的背影。也一次又一次地希望，在她的记忆里会忽然出现一个身影，熟悉又模糊，穿越了一整个春秋。

那天的英语课上，她在morning report里说："Sunflowers mean silent love." 她说这句的时候，目光扫到我的身上，没有停留。从那时起，我开始喜欢向日葵，虔诚、卑微而又沉默的爱，一如我自己。

2

时间无声无息地从指缝间溜走。然后轻易地逃匿进记忆里，于是无论怎样，都回不到过去了。

毕业前夕，我买了留言本，图案是几米笔下的小人。安静简单，表情淡漠，很容易让人想起古颜。她在我的留言本上写："时光遗忘左右，情宿难久，厓生厓爱厓亦走——很高兴成为你的后桌。"前面几句我没看懂，但最后那句显然是客气的，这样想着，便又不免失落了起来。

毕业前的晚会，所有人都要互送礼物。我串遍大街小巷的礼品店，找了好久，终于在一只指环前驻足。那是一只澄澈如水晶的指环，镶嵌着一朵小小的向日葵。我仿佛听见她的声音："Sunflowers mean silent love."我想，她该是明白的吧！可是，会不会刚巧忘记了？

那天晚上，我将那个向日葵指环放进徐福记的糖果盒里。我拿着那个暗红色的小盒子，慢慢向她走去。然后，我看到了原三班体委迟龙，他捧着一只巨大的礼品盒径直地走向古颜，递给她。我看着她身上被闪亮的包装纸映上奇异的色彩，不知从哪儿来的勇气，竟也紧接着走上前，把那个不及迟龙十分之一的盒子放到了她的手心里。她浅浅地笑，可我猜那不会是因为我。

她解下脖子上那条黑白相间的围巾递给迟龙，我看得到迟龙脸上的喜悦。女生送男生围巾，这是多么暧昧的礼物。我低了头。她又拿出一副手套，递给我说："你知道手套用英语怎么说么？"我不明白她的意思，而我那烂到不行的英语词库里刚好没有那个单词。我笑："怎么说？shoutao？"她笑了笑，不置可否。

后来听别人议论，说古颜与迟龙约定要考同一所大学。我想着第一次遇见她时，她的微笑里淡定而漠然的线条，她的目光里干净柔软的色彩，如同昏黄的街灯，犹如阴影里的花架，又仿佛夕阳褪散后的麦浪，轻轻地，雕刻时光。我心底不由得潮湿起来，自己暗无天日的单恋，就这样无声无息地结束了。

我将手套好好地保存起来，然后，等待时光赐予我遗忘的那天。

3

大学期间，我再没见到古颜那般常常面无表情的女孩儿，但也有了心仪的女生，温暖而美好，有时会带一点儿小嚣张。她叫沈棠，很容易快乐，也很善良。那年冬天，她送了我三条围巾，相似款式，相同心意，围巾的一角绣着我和她的姓氏缩写：LS。深蓝色的丝线，整洁的针脚。

年初，她送给我一副手套，说是自己亲手织的。我笑："怎么不送围巾了？"她一下子红了脸："送围巾是要给你温暖，而送手套……"她说，"你不会不知道手套用英语怎么说吧？"我一阵恍惚，仿佛时光倒退了两年，一个女孩子递给我一双手套，声音轻缓："你知道，手套用英语怎么说吗？"

我的声音微微有些颤抖："glove，是吗？"她羞涩地笑了，转身跑开："我先回寝室了。"我愣愣地看着她的背影，在心里默念着："glove，glove……"喉咙一下子哽住："glove，give—love，give you love，Gu Yan's love."心底的潮起了又落下，我戴了手套，只觉得里面像是有东西，翻开看，竟是缝了个向日葵的十字绣。

我抚摸着它细密的纹路，忽然察觉到她的气息，携着隐秘的忧伤，慢慢消散。

她来过么？我在整个城市里寻找，还去问了沈棠。她讶然地看我，不肯说一个字。我只有寻找，而心脏，则开始被悔恨与失落填满。我想假若我能找到古颜，一定要很大声、很勇敢地说爱她。

可是，这个城市里却找不到她。仿佛她消失了一样，又好像她从来都没有出现过。

我看着夕阳下的影子被一秒一秒地无限拉长，终于融进黑夜里，也再就看不清自己。

手机铃声突兀地响起，是沈棠的短信："V速网吧，我告诉你。"沿着喧嚣的街道，我向记忆里的那个方向奔去，奔向我失掉的爱。

在V速门口，我看到了沈棠。她把脸埋进帽檐的阴影里，看不清她的表情。她把我带到一个空位上，周围没有古颜。沈棠沉默着坐下，登录她的QQ，一个头像迅速而又急促地跳动起来。她轻轻地点开，对方说："手套送他了吗？他怎么说？"我盯着对方的备注名"表姐"。沈棠平静地说："我表姐，古颜。"

　　紧接着，她打开古颜的博客——"素面朝天"，地址是上海。我看到她如今的照片，微笑着，身上流淌着温亮的色彩。她身旁，是一个陌生的阳光男子，他们依偎着，十指紧扣。

　　沈棠指着其中的一篇博文，我打开看："……我依稀记得那一年喜欢上的男孩子，安静、沉稳，亦是干净的，只可惜太多可能都被我的漠然所埋葬。毕业时送他的手套，他大抵是没有明白的……现在，我早已明白，错过，不是不可避免，只是这样的错过，往往也是一世。到底是有些庆幸的，因为这一次遇见的男孩子，是欲与我相携终老的……剩下的，只有怀念了。他还好吗？"我忽然想起了她在留言本上写的"时光遗忘左右，情宿难久，厓生厓爱厓亦走……"，那是在说喜欢吗？

　　我低下头，沉默。沈棠说："手套的织法，里面的向日葵，那些与之相关的话，都是她教的，我……""对不起。"我说，不是想挽留什么，只是为一时偏执的冲动所抱歉。古颜说得对，这样的错过，也是一世。但剩下的就只有怀念了。我用沈棠的QQ回复她："他收下了，而且很喜欢，谢谢你能帮我。还有，他说祝你幸福。有些事，错过了亦是美好的。只不过，他明白得比你晚了些。"

矫枉过正

小太爷

曾几何时我幼稚地认为：矫正牙齿就是戴一圈儿亮晶晶的东西，不会很痛的。渐渐的，我发觉我可能是错了：班级里有个矫正牙齿的男同学天天都疼得龇牙咧嘴的。

我有点儿慌了。真疼吗？

"大夫，疼吗？"强烈的灯光打在脸上，闪得我睁不开眼睛。我躺在牙科诊所的床上，含糊不清地问着大夫。

"不疼。"大夫很豪爽地笑了。他按了一下，矫治器就这样成了我口腔中疼痛的一分子。我带着哭腔质问他："你不是说不疼吗？"大夫似乎同我有着非同一般的感应，"我说我不疼。"

"好啦，回去戴一周！"大夫一撸他那特霸气的画着两条鲤鱼的半截袖，"下周一再来。"

我对着家里的镜子张开嘴，看着我那巨简陋的矫正器：嗯，不是一圈亮晶晶，是一条亮晶晶！怎么回事呢？我这个是活动矫治器，加之咱那两牙长得实在是太鬼斧神工——用大夫的话讲只能用0.8的钢丝硬往回勒，勒完再处理别的。

0.8的钢丝啊，说着不怎么粗，看着也不怎么粗，劲儿是真大。加上一个"勒"这般暴力的词，我都替我自己捏把汗。

然后，当我看着桌上红得油汪汪的糖醋排骨，挑了个最大块上去一口时，我的牙连同我的矫治器一起鄙视了我：你以为牙长在你嘴里你就可以为所欲为？今天就不伺候你了！

邻居有个戴着一圈亮晶晶的阿姨，一张嘴满嘴都是闪耀在阳光下的银色，用十分羡慕的口气对我说，我算幸运的，她的一圈亮晶晶动不动就会划坏嘴唇，而我，只是在挂的时候划坏了牙床。我实在没明白划坏牙床比划坏嘴唇好在哪儿。但基于同病相怜，就只是露出了我的钢丝朝她笑了笑。

由于伤口和矫治器0.8钢丝的伉俪情深紧密配合，数天过去我的牙床一点儿好的迹象也没有。加上又要中考，心情烦躁得就像大姨妈来临前夕一样，所以我就毅然决然地把它摘了。

没有矫治器的日子是多么快活！我想吃什么吃什么，不要以为我是吃货，你觉得牙除了吃饭还能干什么？

就像电视剧里的男女主角难得好结局，我的牙的好日子也并不长久。

中考刚过，家母就催着本尊往诊所去了。

"还行，没变形！""鲤鱼"大夫扒着我的嘴，"戴上看看吧！"

"一周！"我听着他爽朗的话，心底升腾起一股子无名的怨念。

一周过后，我如约来到了诊所。大夫又换上了他心爱的鲤鱼系列，我也喜滋滋地张开了大嘴等他给我调松紧。忽然听得他低声惊呼："呀！不好！"

"何事生变？"我在心里默默嘀咕。

"这后面怎么这么高？"他似乎是很疑惑。

神呐！你是医生，你问我？我怎么知道为什么那么高？你能想象你躺在手术室的床上，突然听到你的主刀一声一声惊呼"呀！这是什么情况"的那种感觉吗？

他把我可怜的矫治器取下来，然后用钳子死命扭了几下，说实话，我都替那钢丝疼。

"来，张嘴！"他把矫治器放进去，我只觉得上牙膛硌得生疼，疼得我险些昏倒。

"你看！我就说是这个的原因！"我望着他得意扬扬的脸，不由得怀疑我的矫正器是不是要逆天而行，穿透我的口腔，直达我的头盖骨。啊，它想要怒放的生命，就像穿行在辽阔天空。

听我妈说我家有个亲戚，那牙长得比我的还怪石嶙峋呢。她家长给她矫正的时候是矫正满口的，最后连饭都吃不下去。她没日没夜地哭喊着"妈妈我饿"，可是她妈妈每次都眼里含着泪花爱抚她的头："孩子你饿但是你不能吃！"她就这样哭喊着完成了几年的矫正，人瘦到一百来斤。她最后考了中山大学。在中山大学学习期间成绩优异，今年8月份就要去纽约大学学习了，公派留学生。

估计这篇稿跟你们见面的时候，她已经在美利坚吃哈根达斯了。

我听了这个颇为励志的故事，忽然觉得其实牙不好就是上天对你的一次考验。矫正牙都熬得过来的人，还有什么事干不成、什么苦吃不了呢？

我将戴着我亲爱的那一条亮晶晶，走过我的高中时代，走向肯定会更美好的未来！

我们都会好好的

傲　详

1

　　当严俊走过来敲我桌子的时候，我的口水已经淌到桌子上去了。还在梦的边缘徘徊的我睁开蒙眬的睡眼，嘟嚷道："干吗啊？"不想被同桌许乔炽用手捅了一下，腾地一下子站了起来，然后就看见严俊帅气的脸上写满了愤怒。

　　他紧紧地捏着数学书的左手青筋暴起："你为什么上课睡觉？"

　　"困。"我低下头小声回答道。

　　"为什么会困？"

　　"太晚睡。"

"干吗去了？"

"玩三国杀。"

全班爆笑。我看见严俊摇着头叹了口气，说："快要高考了。"我一晃眼，以为他头上覆满了白霜，不然说这句话时声音为何如此苍老？下课铃声适时响起。我回过神来，他依旧是那个帅气的大男孩儿。

我趴到桌子上，阳光透过窗户洒在我身上。许乔炽不停地扯着我的马尾。"起来林染！不要总是趴在桌上，对脊柱不好。"

前桌的花痴女生炜仪转过头来问我："听说严俊住你家楼上，哎，是不是啊？听说他家很有钱呢。人长得又帅，还是单身耶！可是怎么会选择来教书呢？"她还想再说的时候就被班主任叫了出去。

许乔炽对着她的背影叹了口气："现在的女生啊，"他顿了一下，"真可怕。"

"我听说严俊总是去你家给你免费补习，"他也趴在了桌上，对着我的脸问道，"可是你的数学怎么还是那么烂呢？"他闭上眼睛想了一下，"你跟他是不是有亲戚关系啊？全班都看得出来他偏疼你。"

我瞪了他一眼，把脸转向另一边，长长的马尾狠狠地扫了一下他的脸。

他腾地坐了起来，翻开数学书盖到我脸上："还有一个数学天才总在旁边罩着你。你的数学怎么还会烂成那样呢？"

我以迅雷不及掩耳之势坐直再抽出尺子狠狠地敲了一下他的头，他惨叫一声后，双手捂住头，眨巴着水汪汪的眼睛委屈地望着我。

"找死啊？我在睡觉你还敢在耳边叽叽喳喳，把手伸出来！"

他乖乖地把手伸出来，我拿着尺子佯装生气："下次还敢吗？"

他像小朋友一样很可爱地摇了摇头。

2

数学试卷发下来，150分的试卷我考71，许乔炽149，他看着我的试卷，一脸难过的样子。

"你少在那里猫哭耗子了！"我没好气地白了他一眼。

"你对得起严俊么？"

我看着他的脸，也开始有些难过："我用不用去向他忏悔？"

他拍了拍我的肩膀："放心，他会找你去向他忏悔的。"

果不其然，他才把话说完，班长就叫我放学去趟办公室。我对着他的背影挥了一拳，小声道："管他呢！"不想放学后还是被许乔炽推进了办公室。

严俊侧着头，手支着下巴对着窗外的景色发呆。我安静地坐到他面前，好久之后，他才回过神儿来，看了我一眼后，拿出成绩表："这次考得很不好。"

我想了一下，也没想起哪次考得好过，但还是点了点头。

"49名，倒数第三。"他看了我一眼后，不放心地问道，"我这样跟你说，对你打击会不会太大？"

"死不了。"

"你说是你的脑袋对数学已经免疫了，还是我的教学方法有问题？我帮你补了这么久，你竟然还会考成这样！"他看着成绩表，仍然一副难以置信的样子。

"我今晚可不可以去你家蹭饭啊？林淑惠出差了。"

"跑题了！"他伸出手指用指关节敲了一下我的头，"在跟你说成绩的事！"

我一脸无辜地望着他，直到他无奈地叹了口气后，我才如获大赦般跑出办公室。

许乔炽抱着我的书包疑惑地望着我："这么快？没被大卸十八块真是太便宜你了！"说完就把书包扔过来，狠狠砸中我的腹部，我刚想发作就被他紧紧抓住手腕，"看，快看！13班的卢婉玲！"

我顺着他手指的方向望去，果然是极其曼妙的身影，正呆望中，他就伸出手在我嘴边擦了一下："口水。"他淡定地说。我没好气地白了他一眼然后走下楼梯。

回家的路上他又开始叽叽喳喳说个不停，我坐在后座，塞上耳塞，贾斯汀极具穿透力的声音透过耳膜深入骨髓。正当我沉浸在这天籁之中时，他突然急刹车。我的头重重地撞向他的背，一边的耳塞掉了出来。我摸着疼痛的额头抬起头，撞上他清澈的眼神。

"好不好？"他一脸认真地问道。

"啊？"

他看了看我的耳朵，无奈地转过脸去。

3

饭桌上的食物被我消灭得差不多的时候，我摸着圆鼓鼓的肚子心满意足地窝进了严俊家柔软的沙发里。巨大的液晶电视正在播黄金搭档的偶像剧，我拿着遥控器不停地换频道。

严俊端着茶杯坐到我旁边，似乎是经过良久的思想斗争后，他突然说："去看看严松吧！"

这个名字在我的生活里已经消失很久了，以至于严俊提到时我差点儿没反应过来。

"他说好多年没见到你了，想看看你。"

我本来以为我会愤怒地站起来，大声指责他当年对我和林淑惠的不负责任，以及带给我幼小的心灵无形的创伤，现在说要见就见，他以为他谁啊？

可是想了想，即使没有这个人的存在，林淑惠照样把我照顾得很好，而且期间林淑惠还很甜蜜地经历过几次恋爱，再说，我也没产生所谓的心灵创伤，便沉默了。

"去看看吧！"他抬起头看了一眼。

"哦。"我淡淡地应了一声，我是怕林淑惠不肯，他身边不是还有那个女人吗？林淑惠要知道我去看他，非把我掐死不可。

"其实肖阿姨挺好的。"他仿佛看透了我在想什么似的。

我看了他一眼后，替林淑惠难过起来，自己的男人被人抢走后，连自己的儿子也要被带走，而如今，自己的儿子都替别人说好话了。

"他怎么说也是我们的爸爸。"他一脸认真地看着我。

4

高考在这个喧嚣的夏日如期而至。班里每个人都在收拾自己的东西。垃圾桶处塞满了各科的练习卷子和辅导书。

许乔炽早在一周前就把东西搬回去了。于是，他就坐在我旁边悠闲地看着我忙得焦头烂额。

桌子上一片凌乱。

我抱起一堆要扔掉的书籍跑去教室外找还可以盛放的垃圾桶，却在打开门后听到了低低的啜泣声。

炜仪抱着一堆数学书蹲在墙角，她把头埋进怀中，肩膀一起一伏。

我放下书，轻轻地走过去，拍了拍她的肩膀，她抬起头，额前的刘海已经被浸湿，泪水狼狈地爬满双颊。

"我舍不得严俊，"她红肿着眼睛，哭着对我说，"好舍不得……"

我把她的头揽到肩上："我也舍不得，不只他，还有你们，我都舍不得。"

我想起最后一节数学课严俊站在讲台上的样子。从窗外偷偷跑进来的风拂乱了他的发。"你们要加油。"他说。嘴角上扬，笑得风轻云淡，明媚的眉眼惹绿了窗外的水杉，飘逸了天上的白云。

可是，我却分明看到他眼底的流光，黑色的眸子亮得仿佛要溢出来。

底下的同学大都红着眼眶。一种叫作离别的东西在每个人的心上轻轻划过，锋利的爪子挠伤了我们。因为不舍，我们感觉到疼痛。

回到教室时，许乔炽已经帮我把东西都整理好了。他看着我，欲言又止。

"加油！"我拍了拍他的肩膀，然后抱起书离开。

"你也是。"他在我身后轻轻说道,"这两天好好复习。"

眼泪就这样不争气地流下来。亲爱的少年,这是不是意味着这个夏天过后我就再也听不到你温暖的叮嘱了?

5

从考场出来时,我听到有人大声叫着:"解放了!"隐隐带着哭腔。

天空很蓝,校门口乌泱泱的,全是焦急的家长。

经过教学楼时,有好多纸飞机从头顶飞过,全是从课本上撕下来的,也有一些女生在角落里相拥而泣。

严俊在身后叫我。

我回过头,看到在阳光中闪闪发光的他,微风在身边漾起一圈圈涟漪。白色的衬衫在风的鼓动下,仿佛要从两旁生长出一双翅膀来。这样的他,如此美好。

他微笑,倾国倾城。

"回家吧。"他走过来,牵住我的手。

一生中最漫长的暑假就这样开始了。林淑惠这几个月都不会在家,我干脆就搬到楼上严俊家。每天游魂一般流连于床和电脑之间。

成绩出来的时候,我正顶着黑眼圈,怀着热忱的心沉醉于弥漫着粉红气息的浪漫动画中。

严俊门也不敲直接就推门进来。我看了一眼石化了的他又看了一眼屏幕上正热烈拥吻的美少年，脑袋"当"的一声，死机了。

在接到J大的录取通知书后，我才想起很久都没见到许乔炽了，即使在网上，他的蘑菇头像也不会再跳动，他的个签再也不会是："林染，××日要考数学了！"

我这时才感觉到失落，直到严俊偶然提到他被K大录取时，才稍稍安心一点儿。他终究是去了最想去的地方。

8月底时，许乔炽终于给我发了信息："我在火车上了。虽然那天送你回去，我问你'我们一起去长城好不好'时，你的沉默已经给了我答案。可是，还是会很难过呢。真的从来没有喜欢过我吗？"

我站在公交站上，我要等的车在我低下头看短信时已经开走了。错过了吗？我抬头望了一眼天空，很蓝。下意识地握紧了手机，错过了就错过吧，等下一辆好了。

低下头再看一眼手机屏幕，才发现不小心按了删除，看着屏幕上的提示：确定删除此信息？

一边是确定，一边是取消。我微笑着按下确定键。亲爱的少年，希望未来的你一切安好。

我走出公车站，在路上拦了的士按照严俊给的地址找到了严松家。

开门的是一个美丽的女人。

"我找严松。"我冲她微微一笑。

她回了我一个优雅的笑容："是小染吧？"说着就牵起我的手往里面走。

客厅的布置奢华而低调。透过巨大的落地窗，我看到一个中年男子正在阳台上侍弄花草，在女人给我倒咖啡的时候他就进来了。

我看着他，有和严俊相似的轮廓，却不似严俊那般儒雅，他不笑的面容隐约透出一股威严。

"你好。"我起身向他问候。

他一愣，眼底尽是落寞，女人也很惊讶地望着我，随即优雅地起身，微笑着对我说："你和你爸先聊，我出去一下。"

其实我并不知道这样的问候会让他这般尴尬。他望着我，竟说不出话来。一会儿摆弄着茶具，一会儿又翻出相册，"我这里都有你的照片的，就连你前阵子的毕业照严俊都有给我带来。"

我们一起喝着咖啡，聊了一个下午。他渐渐恢复常态，依旧是一个威严的中年人。我没有问他当初为什么要和林淑惠离婚，也没有问他这些年是否关心过我。我们像普通长辈和晚辈一样坐在一起聊天。我始终无法叫他爸爸，他也表示理解。

直到要走时，他眼底才流露出不舍。"以后有时间我会常来的。"他这才安心地微笑了。

走在路上时，我终于撇开"国际长途很贵"的想法狠下心给林淑惠打了个长途电话。"林淑惠！你的蜜月到底什么时候结束啊？"

那边的她笑得花枝乱颤，"丫头！想你娘就直说！竟然会舍得给我打国际长途！算没白养你，明天就回去好不好，你……"

我毅然挂断电话，知道她什么时候回来就够了，国际长途贵得很。

想到她在那边肯定气得哇哇叫就忍不住大笑。路人奇异的眼光并不能阻止我的好心情。

我开心地迈开脚步奔跑起来。

我想我们都会好好的，不是吗？

就要那么点儿疯

科学无解

年少过剩的自尊，让一切皆成过往。

早上，我睡眠蒙眬地坐在床上，想起昨晚看的《那些年，我们一起追的女孩》，问小妹："柯景腾和沈佳宜为什么不能在一起？"

小妹笑笑："这就是现实啊。很多事不能靠理智来剖析的。"

我张着嘴朝着天花板发了会儿呆，说："大概是自尊心作祟？"

小妹说："只不过是比一般影片更现实一些而已，注定要分开。现实中也有很多这样的例子，只不过没有电影中的男主帅、女主美。"

当年小妹对喜欢的男生说，我好喜欢你，喜欢的自己都变成笨蛋了。

这么矫情的话我决然说不出来，却十分相配小妹。那样的她，理应有这样青涩的青春。而以"坨"为计量单位、走路带风、露出牙床大笑的我，也注定只能有个飞扬跋扈却有些寂寞的青春了。

一时间有些伤感了。

记起还在初中的时候，我妈喜欢把我发在校报上的东西给他们班学生看，然后说我就喜欢写些无病呻吟的东西。

无病呻吟、悲春怀秋、多愁善感，这些难道不是女孩子们的通病吗？

毫无理由地发脾气，毫无理由地流眼泪。别人问怎么了就回答没事，但内心渴望别人真正坐下来，问一问，好让我真正大哭一场，一边抽泣一边说："我也不知道怎么了。"

然后你就可以拍着我的肩说："我懂的，哭吧哭吧，哭出来就好了。"

我们都是那么一群无理取闹的孩子，只是率真地随着自己的感觉走，愤怒地指摘柯景腾为什么不能和沈佳宜在一起，不需要理由。

我就是想要他们在一起的。

因为他们包含了我青春里所有的美好和希冀，我青春里也有过那么一个男孩总是对女生爱理不理，我就是那么喜欢他，所以柯景腾就应该和沈佳宜在一起。

那一阵子我把头发扎起来，把翻上去的刘海儿放下来，逢人就问："我是不是越来越像沈佳宜了？"只是刘海儿在额前晃来晃去的很影响写作业，不久又被我重新翻上去用发卡别好，很挫败地想，又没有柯景腾。

总会莫名其妙变得情绪化。

有时会站在镜子前面挤眉弄眼，做出露八颗牙的笑容，瞬间又被龇牙咧嘴的表情替代。有时候又连头发都懒得梳，邋邋遢遢地在校园里晃，祈祷男生都不要出现，看到我这个样子简直丢死人。但越是这样认识的男生越会此时现身，只能十分尴尬地捋捋头发，抬头数树上的叶子等他消失在视线里。

有时候笑得会直接从椅子上摔下来，有时候又沉默得一句话不想讲，别人的伤心事也不想关怀，只是静静看一部伤感的小说，为虚假的世事沉浮伤感。

我们都有过这一段心路历程吧？

一首喜欢的歌整个下午都在单曲循环。

明明不是那么伤心，却要一个劲儿地抽纸巾。

费尽心思地发疯，只为了一个也许永远也得不到的关注。

这样的悲悲喜喜有什么不好？

还记得那年同桌突然问："你是不是喜欢张山琪啊？"

我惊慌失措，以为自己隐藏得很深的、用疯疯癫癫来隐藏的事实，原来在别人眼里是如此的清晰明了。

可这就是青春了，我为之疯狂的青春。

带点儿苦涩带点儿小甜蜜，曾以为自己要迫不及待地逃离，待真正离开了，才发现，这是我最怀念的时代。

柯景腾和沈佳宜的时代。

最好的时代。

电影放到最后一幕，书页在风里翻啊翻，阳光明媚。

突然就笑出了泪花。

听时间的话，把记忆妥藏

不语娃娃

X、Y，不知道你们会不会看到这篇文章？会不会知道写的就是我们？

三毛说："一个朋友很好，三个朋友就多了一点儿。"我从未相信会有三个人的友情，在遇到你们之前。我以为友情类似爱情，最好的只能有那么一个。现在，我信了。

我不羡慕大雄的小叮当有异次元口袋，不羡慕小樱身边的小可拥有魔法，我只是羡慕他们不会孤单一人。许是上天垂怜，我不再是孤单一人，因为有了你们。

无解的三元一次方程

"X+Y+Z=三年暖阳"

Y，这个好像是我们乱写乱画的时候发现的吧？那么意外地发现了我们三个名字的首字母分别是X、Y、Z。我们的兴奋溢于言表。

　　你说："不如我们就叫'方程组合'吧？他们起的'三人帮'不好听。"

　　"方程？那X是自变量，你是因变量，哈哈！"我不怀好意地笑。

　　关于组合的名称，我们好像想了很多。最后，不了了之。我只是记得：X、Y、Z。

　　像方程里那样，X、Y关系比较好，你们的关系也比较好，让我说什么呢？我只是后来者。于是围绕三人的友谊有了一次长谈，我们笃定不再疏忽任何一个人。我只是淡笑，但后来，我们真的做到了。形影不离的，惺惺相惜的。

　　X、Y，我们能不能一直这样好？我知道，能的，一定能的！

青青草原没有原

　　《喜羊羊和灰太狼》仍是那么火，青青草原也成了我们熟知的地方。而我们的根据地，叫青青草。我们之前是后悔来到这个地方的。一望无际的青草，看得多了，觉得有些荒凉。实在想不出我为什么说要来一个风景优美的地方。如此风景优美，我汗颜。青草，还是青草。想起《敕勒歌》中的那句"天苍苍，野茫茫。风吹草低见牛羊"。还好没看见牛羊。就在这个我曾后悔来的地方，却上演了一幕幕温暖。

刚做完课间操的楼道里，密密麻麻，人头攒动。我们随着人流前进。我一直不习惯拉着别人，宁愿手插口袋。于是，我们很快被人流冲开。我抬头扫了一眼，你们俩还是在一起的。不愠不火的阳光透过教学楼连成片的窗照在你们拉着的手上，明晃晃。我没有勇气去看。后边传来的力道使我不自觉地往前撞了一下，头撞得有些疼，没素质的人始终有那么几个。我低头，不语。然后就看见一只手伸在眼前不远处，顺着看过去，是X。你们都在望着我，把手抬起。眼睛里似是鼓励，千山万水的距离就这样被化解。我有些愣，突然反应过来，走上前握住你的手，然后你拉我和你们站在一起了。手心暖暖的，心里的隔膜再也寻不见，感动的情愫蔓延，我始终不曾松开你的手，直到回到教室。

你们不会知道，这个细微的举动带给我的悸动。只要一回想，心里就会暖暖的。现在，每一次我都拉着你的手。X、Y，谢谢你们！

那天我肚子疼得厉害，想来是因为刚刚吃了冷饭的缘故。眼看就要迟到，我还是去了厕所。我说："要不你们先走吧，等我的话一定会迟到，迟到老班一定会骂的。"

然后你们点点头，我看着你们出了厕所。我想，等下又要一个人走了，唉。可是，当我出去时，分明看见你们在边上站着。"看，你俩引以为傲的发型都乱掉了，脸白得像抹了面粉似的。两个笨蛋，大笨蛋，怎么不知道去那边屋里等啊？""谁知道你慢得像乌龟似的，我们刚还准备进去捞你呢。""两个臭丫头。"我用力搓着你们的脸，鼻子酸酸的。"呦，你还哭啊？别那么感动哦，我只是觉得三个人在一起挨骂会轻一点儿，才不是知道你怕一个人独处呢！""我哪有哭，风太大吹的而已。丫头，对我好还那么掩饰干吗？过来一个人奖励一个香吻，嘿嘿！"看着你们尖叫着跑开，我擦干脸，追了上去。幸运的是，我们到班上老班已经走了。

我只是企及某些小温暖，比过无数空口白话。X、Y，你们懂的。

从食堂吃完饭出来时，雨已经很大了。你们在退碗，我看见别人踩在淤积的小水坑里溅起的水花发呆。每个人，脚步匆匆。我们三个人仅带来一把雨伞。我回头喊，我还有事，先走了哦。说完便扎进雨里，走了。没过十秒钟，你们就追上我，非要我也一起打伞。我笑，心里那么暖。我说，一个人淋湿总比三个人都淋湿好吧？但是你们偏不听。真不知道你们的知识怎么学的。一把伞，推来推去，谁都不肯一个人打。很快，我们的外衣都湿透了。路人纷纷侧目，也许他们觉得奇怪吧。不过我们的甜蜜，她们怎么知晓呢？雨越下越大，我终于妥协。于是三人打一把伞。虽然衣服湿透，头发也趴在头顶，那么安静，心里却是大大的波澜，慢慢的喜悦。送我到了楼下的时候，你们叮嘱我要换一身干衣服，还要把头发吹干，小心感冒。老妈不在家的时候，你们是第二个对我这么啰唆的人呢。于是，泪水终于模糊了眼前的一切。

我自认为是个敏感的人，总会被那些细枝末节打动。现在我都不知道该怎么对你们好了。抑或是我的温暖，从来都是自给自足。

灯、影、我在

爱情是灯，友情是影子。当灯灭了的时候，你会发现周围都是影子。

X，昨晚我们翘了信息技术课，在学校傍水的凉亭里吹风，月色朦胧，风声不断，微凉。远处的路灯散发着昏黄微弱的光。这时候本该上课的时间，偌大的校园里无尽的寂寥。你不说话，我也沉默。而后你幽幽地问："有没有一种时候，你特别想他？我想他了。"我张了张嘴，想说什么最终还是无言。只好轻轻地拥了拥你，拍拍你的肩膀，这就是异地恋。我不知道是什么信念在支撑着你。总之，我佩服你。其实，有心的人都会被你感动吧，你那么的执着。那个他，若是有一天会放弃，那么再也找不到这样的一个你了吧。愿只愿，一切安好。

你说你现在比以前沉默多了，越来越不爱说话了。我说我感觉到了，你除了跟我和Y说几句话，都不怎么开口。我说我也沉默多了。而后便是冗长的沉默。亭边的垂柳早就冒出了新芽，夜色中他们荡来荡去。X，我想说，我心疼你。

Y，晚自习收到你的纸条，你说让我下课去帮你整理整理书。你的语气很调皮，是我熟悉的腔调。你说以前我们同桌时，都是我帮你整理的，你说你整理完还是那么乱。于是，下课我去帮你整理了书，看着你桌上一堆一堆的，我笑着无奈。笨小孩儿，我对你无语了。你跟你的同桌说我是你的私人秘书。你闪亮的眸，噘起的嘴，骄傲的样子只能让我觉得无奈，想笑。你看，你就是一笨小孩儿。

你突然不开心了。原来是因为你喜欢的他跟另一女生关系暧昧，还美其名曰是好朋友。你都不质问他，只是默默地流眼泪，拒绝吃饭。看着你豆大的泪珠不停地往下滚，我只能无奈地生闷气。给你带吃的不吃，还扔，浪费姐的钱，你真是坏啊。这才发现，我们都有一股执着劲儿。不同的是，我不会容忍背叛。可惜，你不是我。那么我只好陪你等这事告一段落。

其实，执着更深一些就是倔强了。下辈子，我们一定不要这么倔强。

我不知道该怎么对你们好。不过，只要你们需要，我就在。

下一年，我们高三

时间被装在永动的车厢里，沿途丢弃了纯粹的透明时光，头也不回地往着下一个方向。我还是不得不感叹时光奔走的速度，不知不觉，我们已经是准高三了。

也许我们不会再有那么多的时间一起玩耍，一起关心朝花几时开，夜雨几时止，陌上少年何时归；也许不会再有时间歪着脖子想象"陌上人如玉，公子世无双"的绝妙画面；也许不再说"我自是年少，韶华倾负"的言语；也许不再思索"若你看到你的男友在跟别的女生kiss你会怎样的"问题；也许不能互诉心声从笑说到哭，再哭着笑了——不过，我坚信，我们的友谊不会变！

老班不知从哪抄来一句话，他说，没有一颗心会因为追求梦想而受伤，当你真心渴望某样东西时，整个宇宙都会联合起来助你成功！是时候了，我们一起全力以赴好不好？

我相信付出终有收获。

一直喜欢那句温婉的诗词，觉得有无尽婉转凄凉的美感，一星一点的悸动。而今却喜欢王昌龄的这句：黄沙百战穿金甲，不破楼兰终不还！

一生不为梦想搏一次，才叫遗憾。加油啊，X、Y。

X、Y笨小孩儿，希望某年某月某日，你们看到这篇文时，能瞬间回忆起我们千回百转的情节以及我们全部的高中流程。

X、Y，我爱你们！

时光忽已晚

Tea

外婆的眼眶里充满了透明的液体，她咧开嘴，笑得那么开心，就像一个小孩子拿到糖果时的满足。那滚烫的泪水毫无征兆地落到我的手上，渗进我的身体，温暖了我。

心先是怔了一下，随即大片大片的笑容绽放在我的脸上，眼角有些湿润。

这个画面深深刻在了我的脑海里，每次回想都会心潮澎湃。

春节那天，哥哥带着刚过门的嫂子，我们全家人带着喜悦的心情去给外婆拜年。年近九旬的外婆双眼几乎全瞎了，看到的只是一些模糊的轮廓。

我还记得好几次跟妈妈去看她时，她用那粗糙的布满了老茧的双手一个劲儿地摸着我的头。她看不见，只能通过触摸来感受身边的人和物。她总是很高兴地说我又长高了。是啊，我长高了，比她还高。岁月这把无情的刀在外婆的脸上、手上刻下了深深的皱纹，削去她的个子，那白苍苍的发丝，细细诉说了她过去人生中点点滴滴的苦难。我不禁凝望着眼前这位老人，她平静的表情像一根尖刺扎进我的心里，岁月催人老啊。

几十载的光阴匆匆逝过，还来不及抓住的往昔时光，现只留下一晃而过的背影，只能教人在回忆中再回味一回，再度落泪。我对外婆的记忆一直锁定在童年里，我把小手放在她的大手里，感受着大手的温暖，一边使劲儿吮吸着嘴里那颗甜得发腻的糖果，如同那段腻得化不开的岁月，已深深地镌刻在心海里的某一角，随时光慢慢沉淀，越发甜蜜动人。

崎岖的石板小道上，那一大一小的身影就是我记忆里的所有童年。

再后来，我长大了，外婆老了，眼睛渐渐看不见了，行动也不方便了。她几乎不曾离开那比她还苍老的屋子，我不知道她有多么寂寞，只是老人家对日子敏感得很，总是盼望着妈妈去看她。

一个人孤零零的日子，她的寂寞，大概就像那老屋上那疯长的无名植物，而我伸手却不及。那屋外的热闹她看不见，听到了只会徒增心里的悲哀吧。世界再缤纷多彩，看不见就是遗憾。亲爱的外婆，我多想当你的眼睛阅尽世间美好，记住满堂子孙的面孔，见证他们的成长。

临走时，外婆眼噙泪水，踉踉跄跄地从屋里走出来，站在巷口，我们叫她回去，她不肯。我看得出，她很激动，能看到她疼爱的外孙成家立业，是一件幸福的事吧。

我偷偷地抹去将落下的泪水，只觉得此刻很幸福。

外婆，要快乐哦。

流年浅唱，一曲离殇

米奇米奇，呼叫转移

二 笨

他坐在一个狗血的位置，不厌其烦地做着一堆狗血的傻事，但我要感谢上苍给了他一个不狗血的外表，才有了我们这段不怎么狗血的开始……

1

开学第一天，老班免不了要以个头论英雄。咱凭借多年的上学经验，甚有自知之明地拎着书包直接坐到了第一排第一座靠窗户的位置上。

哎，潘大爷的那句话怎么说来着？浓缩的都是精华，咱要淡定淡定。

我右手托着下巴，头扭向窗外，心里面那叫一个凄凄惨惨戚戚。可我这边的辛酸还没品尝完，就感到右耳边传来了阵阵阴风。

不好，黄历上说我今日不宜出门，大凶，莫不是真撞鬼了吧！

我的脑袋180°飞速转动，然后瞬间黑屏！

虾米，这是什么情况？

脑袋后移，视野范围扩大，我终于看清楚了旁边这位肤色几乎让我一度黑了屏的——新同桌。

呃，请不要怪我毒舌。要知道，男生黑一点儿是很正常的，但现在坐在我旁边的这位仁兄如果还能用"一点儿"来形容的话，我这十来年的语文算是白学了。更何况我是天生比较白的女生，在这种巨大的反差下，我的思维开始穿越，我的表情开始僵硬……

也许是我的反应太过明显，某位刚才还在专心致志地整理身上校服的乖乖仔突然停止了动作，很是诧异地瞟了我一眼，然后身体向右转动90°，背对着我，用相当有倩女幽魂般感觉的声音飘过来一句让我终生难忘的话。

"我要防止你偷窥。"

……

俺的神啊，你赶紧把我带走吧！

2

本姑娘从不吃石榴，一个粒一个粒地吃，多麻烦啊，是吧！本姑娘从不玩蚂蚁，趴在地上看那些小东西爬来爬去多幼稚啊，是吧！你看，这些小事我都可以找到正当理由糊弄过去，那上生物课呢？我该怎么办呢？

拿到新课本，我闭上眼睛，抱着一种我不入地狱谁入地狱的大无畏精神随手翻开了一页。

天要亡我……

一幅叶肉细胞微观图赫然出现在课本的右下角，每个细胞都张着大嘴，仿佛下一秒就会把我一口吞掉！

按理说脑比手发达，信息应该先传到脑袋里。但如果是条件反射的话，我就管不了那么多了。右手迅速地把课本扔出去，左手死死地捂住胃，我可不想在大庭广众之下吐出来。

神呐神呐，我知道我不应该糊弄人，您就饶了我吧！

神呐神呐，我知道我错了您可千万别让我现在就吐了呀！

神呐神呐，我承认，我承认我有密集恐惧症行了吧！

"喂，你没事吧？"某个欠扁的声音响起，我扭过头，狠狠地瞪了他一眼，一言不发。

"没事就别乱扔东西，你看看，生物书都脏了。"

一张放大版的细胞图出现在我的视野里……

很好，你不仁，就休怪我不义了！

啊呜……

喂，你……

至于当天到底发生了什么，请大家自行想象。我要说明的是，从那天起，我再也不怕神马生物课神马细胞图了。当然，这并不是我的功劳，而是某个黑脸小子实在是不堪"重"负，自掏腰包买了五十多张柯南粘贴画，捧着我的生物书，把那些细胞图一个一个的都盖住了，于是乎我的密集恐惧症再也没大规模的发作过。

好吧，黑脸小子，这回算我欠你的。

3

"米奇，帮我买包方便面，谢啦！"

"OK，警告一次，不要叫我米奇。"

喊，米奇可是我花了整整五分钟，扼杀了无数脑细胞，翻遍了所有漫画才找到的这么一个既贴切又不太恶劣的称号，你不让叫我就不叫，你以为我的嘴巴是摆设啊？

"米奇，帮我把那本书递过来呗。"我的嘴角扬起人畜无害的角度。

"警告两次……"某人的脸似乎又黑了一点儿，当然，如果你不离他近点儿你根本不会发现。

"别这样嘛米奇，你不觉得这个名字很可爱吗？"风度风度，微笑微笑，我就不信我治不死你。

"我是男生，不需要可爱！"呐，小宇宙要爆发了吗？

"呃，不好意思，天太黑，没看出来。是吧，米

流年浅唱，一曲离殇

131

奇？"认输吧，败在我手上不丢人。

"我要出绝招了。"

啊？

"你是猪猪虾！"

……很好很强大，米奇你赢了。

战后总结，我发言四句，米奇五句。米奇以多欺少并只以微弱优势赢了我，最后，米奇的战利品是，从此以后我会天天叫他米奇。钦此，米奇谢恩。

我得到某张黑脸的一堆白眼作为奖励……

4

也幻想过可以和米奇一起坑坑闹闹轻松地度过初中三年，但是生活毕竟不是卡通片，不是有了好的开始结局就一定会大团圆。所以，当米奇拎着和他一样黑漆漆的书包走向最后一排时，我们都没有说不舍。呐，老师不是说得很明白了吗？这是为了培优，为了让优等生的学习不被打扰，这是为班争光，为校争光，这可是大好事啊！

哦，我可能忘了说了，我的成绩是班级前三，米奇也是，只不过有一个正倒数的区别。那么，界限可不可以不要分得这么清楚？

你说呢？

初三刚开学，米奇就从班级的最后一排消失了。

我不知道他去了哪里，或许只是单纯地转了学，或许和其他退学的人一样，在哪个小工厂里当着学徒。总之，我是不知道，这一年，我完全没有被打扰。

　　去邻县的高中报到的头一天晚上，我靠着阳台，又开始很矫情地发一些明知道没人回的短信。但是这一次，我相信他会回短信的，只要他还是那个米奇，只要什么都没变，他就一定会回。

　　22：43手机收到新短信。

　　00：00我关上灯，告诉自己，从现在起，一切重新开始。

5

　　"呐，好久不见，我明天就去报到喽，这回轮到我走了哈，你还记得我吗？"

　　"不记得。"

　　"哦，那对不起，打扰了。"

　　"我只记得我和一个名叫猪猪虾的猪头做了两年同桌，除此之外，我什么都不记得。"

　　"米奇……"

　　"睡吧，明天你还要报到去呢，别迟到。"

　　"嗯，再见，米奇。"

　　"再见，猪猪虾。"

我想成为你

刘姝麟

1

我和夏聪拎着水壶走在铺满阳光的路上，周身笼罩在橙色的光芒中，很温暖，背后的夕阳悬在地平线上方。

经过男生宿舍时，夏聪跟站在树下的女生说话："还等他啊。"

我笑着接了下句："别等他了，自己先走也行啊。"

女生不语。

夏聪诧异地望向我："你不认识她，跟她说什么话，你没看人家孩子一脸茫然。"

我一惊："我近视我看不清，你认识我以为我也认识的。"又冲夏聪做鬼脸，理直气壮地说："我自来熟！"

夏聪不屑一顾："长了个自来熟样。"

随后我的后脑勺就被敲了，侯皓辉从我身边飘过并嘲笑我："都不认识人家还打招呼，真是二。"

"喂！你才二！"即使我跺脚抗议他也不停下来回头看我。

夏聪说："过几天就是元旦了！"

"哈，班里肯定会举行元旦晚会，报什么节目好呢？"我嬉笑着和夏聪走进女生宿舍。

夏聪很漂亮，即使不刻意打扮也浑身透露出大雨过后的清新范儿，眼睛大而有神，皮肤白滑细嫩，再加上成绩优秀，性格活泼开朗，每天在她身边我都感觉压力好大……我就是绿叶，就是鲜花旁边的陪衬，你懂的。

晚自习下课，和夏聪一起下楼去上厕所，刚走下楼梯就听到后面几个男生的声音："聪姐，走路别晃悠。""夏聪，你老是考第一还让不让哥儿几个活。""聪，别理他，他就知道比成绩。哎，这次元旦晚会咱俩来个合唱吧。"

夏聪笑着一人给了他们一拳，眉飞色舞地跟他们交谈起来，我沉默地走在她身边，没人与我说话，我也懒得插话进去，心中的落寞无法言说，我也想和她一样，可以和男生打成一片，走在路上也会有人过来打招呼并与我交谈。

一盏盏路灯环绕着校园，点点白光努力照亮被黑暗笼罩的世界，世界没有阳光也可以是另一种安逸美好，我抬头，月光如水。

那几个男生走后我才开口："好像明天又要降温哦，怎么感觉教室暖气都不热？"夏聪紧了紧衣服，叹口气："姐姐你知足吧。你在教室最南边，旁边就是暖气片，我离它可还八百里地远呢！"

我在黑夜里翻白眼："排位时你非选离暖气片最远的座位，你在最北边。"

夏聪低头无辜地绕手指："我以前在最南边靠窗坐，一天到晚都被太阳狂晒，受够了嘛。"

我翻白眼翻得过猛差点儿没背过气去，咆哮道："你那时候是夏天！现在是冬天谁还傻到挑北边的位置坐啊。"

2

级部分班了，在两星期前。苏小吉去了1班，我在32班，幸好有夏聪和侯皓辉陪在身边，我才没有那么孤单。

下课后，大家都涌出教室在走廊里谈天。我和夏聪嘲笑侯皓辉那厮越长越矬，侯皓辉跟我们据理力争他有多美少年。班主任王龙龙出现，远远地冲我们招手："你们过来。"

我们乖乖地走近他，他用手指点点我："你就不用来了。"顿了一下，"夏聪和侯皓辉你们跟我去办公室，关于这次元旦晚会我们需要讨论一下该怎么办。"

我尴尬地停下脚步，目送他们穿过打闹的同学慢慢走远，半晌，才转身回了教室，趴在座位上，头抵着一摞课本发呆。

夏聪被老师看重，有什么活动都会第一时间找到她，她有能力，亲和，落落大方，这些只不过是她优点中的一部分，所以生活在她身边的人都能很彻底地明白什么叫作望尘莫及，优秀得像天上的仙子，每个人身边都存在着这样的人吧，是我们怎么都追赶不上的……

视线变得模糊，我狠狠抹了下眼睛。

你成绩优异，你漂亮，你开朗，你人缘广，老师器重你，男生喜欢你。

夏聪，我是真的很……羡慕你。

3

转眼就到了元旦，天很应景地飘起了雪花，学校拿出一节课的时间让我们布置教室，元旦晚会下午6点开始。

女生吹气球，男生在教室里拉丝带，高个的男生站在桌子上的板凳上往悬挂在天花板上的灯棒贴彩纸，这样的话开灯就是彩色的光了。

夏聪吹着气球，脸蛋鼓鼓的，很可爱。我踮起脚将彩纸放在侯皓辉手中，然后扶好板凳以防他摔下来，"聪，你是主持人要好好表现哦。"

"我也是主持人！"男生的声音从上面传来。

我仰起头白他一眼："我又没问你！再说你是不是主持人关我什么事，乖，还是别上去丢人了。我都怀疑龙哥的眼光，他是不是眼瞎了所以才选了你。"

侯皓辉："……"

额，侯皓辉他不跟我说话了。

"对了，小言。"夏聪将吹好的气球塞给一男生，正色道："报的节目太多，学校规定9点钟必须结束，龙哥让我删掉几个，我删的其中就有你的，你不会介意吧？"她摆出讨好的神色。

见我不说话，她又开口道："你也知道，有些女生很难说话，删了她们的她们肯定要闹，咱俩关系好，所以……"

我无奈地笑笑："删了就删了吧，没事。我当观众正好省事了。"

课桌在教室的四面排列成一个圈儿，晚上6点，晚会开始，音响里放着动感的音乐，夏聪站在中央甜甜地笑着念开幕词，一切都很完美。

我闷闷不乐。

6点前，我问夏聪要节目单看，她让我去她的书桌上找，我从第一个节目一直看到了最后一个，我唯一的节目被重重的黑线划去，夏聪自己的却剩下一个独唱和一个独舞。

6点后，我坐在昏暗的灯光下掉下了眼泪，她在大家的视野中央是那么的耀眼，这样热闹的晚会我就只能做观众了。太多丰盈的情绪埋藏在心中无处排遣，我不知道平凡的自己该怎样与夏聪同样优秀。

我不甘心却还是样样都不如夏聪。

七天前的平安夜，夏聪的桌洞里塞满了平安果，而我的桌洞里只有一个，是苏小吉送的。

如此强烈的对比……

"如果你不做自己，你最想成为谁？"

面对这样的网上测试题，我潜意识想起的不是哪个炙手可热的明星，也不是哪个腰缠万贯的富豪，而是——你。

夏聪，我想成为你。

悲伤碾过，蓝调成歌

残城·Poseidon

1

一场暴雨毫无征兆地突袭了这个南方小城，注了铅似的大片乌云黑压压地布满天空，格外压抑。

蓝揉了揉发胀的额头，数学老师还在讲台上讲解着复杂的几何图形。几缕昏暗的灯光游走在死气沉沉的教室里。蓝索性低下头，心情却莫名地悲伤起来。但蓝也早已习惯了自己乖戾的脾气，这种伤怀对她来说就像常客一般。

也许像蓝这样，独自一人坐在教室角落里的女生并不少见。其实蓝一开始也有朋友，只是没有人能够受得了她的冷漠。所以久而久之，大家便对她敬而远之。蓝就像是一只满身是刺的刺猬，想给人以拥抱，却也只能得到鲜血淋漓的结果。

蓝醒过来的时候，暮色中雨已经停了，一轮残阳挂在澄碧如洗的天空中，将耀眼的金光投进这个不大的教室里。教室里除了蓝和前桌的麒一外已经没有其他人。麒一的侧脸在阳光下熠熠生辉，英气逼人。他见蓝醒过来，便笑着递过一本笔记本说道："题目我整理好了，你抄一下吧。"说完，便起身走出了教室。蓝望着麒一清瘦的背影消失在门口，心里漾起一阵满足感。

班里的人都说，麒一喜欢蓝。这个连跳二级的天才少年，仿佛对自己特别关怀。他总是给不吃早餐的蓝送牛奶，帮蓝抄笔记，甚至和那些讽刺蓝的人争得面红耳赤。麒一给了蓝无数的关心，蓝很珍惜这份难得的友情，但终究也只是友情而已。

她将笔记本小心地放进抽屉，径直走出了教室。

2

八岁以前，蓝和妈妈住在乡下的爷爷家里。那是一个偏远的小镇，镇里人不多，却亲如一家。直到现在，蓝还是清晰地记得那种早上起来便能听到鸟鸣闻到花香的感觉。怀念那段可以与小伙伴在田间疯玩，能够在宁静的夜晚听爷爷在葡萄架下讲故事的时光。只是那些过于美好的往事，已经永远地封存在记忆底部，再也回不去了。

蓝对于父亲的概念很模糊，印象中只是一张只有在过年时候才会看到一次的陌生的脸。至于"父亲"这个称呼，蓝到现在也不确定曾不曾说出口。

命运的车轮仿佛没有垂怜过这个卑微的女孩儿，轰隆隆地碾过她单薄的童年，并且一路向前狂奔着。连让蓝喘口气的机会都不曾停留。

那个画面到现在都是她永远的痛。黑白镜头定格在爷爷那间不大的小木屋内。爷爷红着眼眶坐在木椅上不住地叹气，角落里蜷缩着泪如雨下的妈妈。这个年仅八岁的女孩儿不会明白发生了什么，她只知道，那个本来就陌生的男人彻底抛弃了这个家，当了别人的爸爸。

小学毕业后，爷爷病逝，蓝和妈妈来到了这个陌生的小城。这里有太多的高楼，太多冷漠的面孔。这一切的一切将蓝重塑成一个表情麻木的孤独者。自己与这里的一切是那么格格不入。除了那轮明月，蓝再也找不到自己熟悉的事物。蓝觉得自己就像是一片无助的枯叶，只能在社会的紊流中翻滚浮沉，任其摆布。

3

思绪定格。

蓝抬头仰望着，天空在夜幕的笼罩下犹如一块巨大的画布，涂满了漆黑和靛蓝调和成的色调。蓝爱极了这种蓝色。冷酷，暗敛，又深不可测，就像自己一样。

7点15分，恰好是这个小城最热闹的时刻，人们在这片流光溢彩中享受着物质生活。蓝最后看了一眼这个光怪陆离的小城，便向北面走去。那里是这个城市尚未完全开发的角落。远远看去只有几栋破旧的公寓，在漆黑的背景下像一只只晃动的鬼魅。蓝和妈妈就住在那里某个昏暗潮湿的房间里。

上楼，开门，屋里的灯还暗着。街上清幽的灯光透过玻璃窗射进客厅，洒落满地的凄凉冷落。蓝吃着中午剩下的冷饭，眼泪不停地往下掉。妈妈自从来到这里，每天早出晚归地辛苦工作，为的是让自己能过上和常人一样的生活，她那本就瘦弱的身体承受了太多不该承受的压力。蓝边抽泣边吃完晚饭，静静地收拾好餐具后，就一头栽倒在床上。一切的感知仿佛顷刻就抽离出身体，只留下一个麻木的躯壳。蓝就像一条濒死的鱼，在沙滩上无力地张合着鳃盖。

响起的手机铃声将蓝重新拉回现实，是晴的来信。作为蓝不多的朋友，晴每天都会发短信来关心蓝。即使这样，蓝还是清楚地知道，她们终将成为陌生人。晴有着清秀的相貌、优异的成绩和良好的家境，这注定了她的命运轨迹只是和蓝的暂时交集，最终也是奔向两个不同的极端罢了。

窗外月色正好，光线流泻进蓝的房间，细腻均匀地分割着黑暗中每个东西的影子，营造出亦真亦幻的境界。蓝望向月亮，就像对着一位老朋友一般。

万籁俱寂然此情难寄。

月啊月，你又是否懂得我的孤独？

4

无论经历过一个多么伤心的夜晚，第二天蓝总能若无其事地出现在别人的面前。她不想让别人看到自己的脆弱的一面，而且总是能隐藏得完美无缺，有时连蓝自己也惊讶于这与生俱来般的能力。

夏天早晨的街道上总是弥漫着一股若有若无的植物清香，蓝独自一人走在上学的路上，不时仰望晨曦微露的天空。那种清澈空灵，是她最喜欢的颜色，无论何时何地，蓝色总能让她平静下来。

不知谁拍了一下蓝的肩膀，回头一看正撞上晴那完美的笑靥。晴不由分说拽起蓝的手，边大步走着边说："蓝，你这个大蜗牛，再不快点儿就迟到了。"即使是这些略带温暖的话语，也能够让蓝满足好一阵子。这种纯粹的关心对于蓝来说已是奢侈品。

看着晴不停地对着路过的同学微笑打招呼，蓝心里顿时泛起一种奇怪的感觉，除了自卑外蓝再也想不到更恰当的词语来形容。人家是品学兼优，才貌双修的完美女生，而自己不过是一个卑微的小丑，凭什么得到她那么多的关心和帮助呢？蓝不由自主地低下了头，也许自己连站在她旁边衬托她的资格都没有吧。

快到校门口的时候，晴突然停了下来，呆呆地看着路旁。蓝顺着她的目光望去，一辆自行车飞驰而过，车上的白衣少年插着耳机，端正的五官中透出一丝冷酷气质。蓝依稀辨认出那是隔壁班的程飞，一个比晴还要优秀的存在。高傲的性格和高居榜首的成绩注定了他始终是众人的焦点。从晴看程飞的眼神中，蓝确信晴已经暗恋上这个男生了。因为那段特殊的经历，蓝能够轻易地从一个人细微的变化中看穿那人的内心想法，然而讽刺的是，她却无法很好地控制自己情绪。

辛波丝卡说："我们何其幸运，无法确知，自己生活在什么样的世界。"蓝能够洞悉别人的世界，却总囿于自己的内心。那这算不算是不幸中的万幸？

5

在开始一天无聊的课程之前，班主任带着一个插班生走了进来。

很多年以后，蓝还是会想起这个上午的每一个细节，想起那个穿着简单干净的白色衬衫和淡蓝色牛仔裤，背着黑白格子书包的叫枫的男孩。每一次回忆起他，蓝的心里总会充满温暖，就像那个早晨不温不火的阳光一样。

枫走上讲台，环顾了一下四周，然后简单地介绍了自己的名字后便在蓝的旁边坐下了，因为班级里只有蓝还没有同桌。听见前桌的两个女生在小声讲着"新来的转校生好帅"之类的悄悄话，蓝在心里鄙视她们的庸俗。但出于好奇蓝还是转过身去看了一眼这个冷漠的男孩儿。阳光正好从窗户透进来，将他那本就好看的侧脸衬托得宛若石刻般精致。那一刻，蓝心里就突然想起了不知是谁说过的一句话："那时候喜欢一个人不是因为你有车有房，而是那天阳光很好，你穿了一件白衬衫。"虽然谈不上一见钟情，但蓝承认那一刻心里确实有点儿小小的悸动。

这个新来的同学似乎比蓝还要沉默，整整一上午没说一句话。也许就像是异性的磁石相互吸引那样，蓝开始对这个男孩儿有了一种奇怪的感觉。

下午体育课，晴和一群女生在球场看着程飞和其他男生打球。蓝知道晴是醉翁之意不在酒，所以就婉言谢绝了晴的邀请，独自一人来到教室，准备把那些难懂的化学方程式再复习一遍。推开门的时候，蓝惊讶地发现教室里居然还有别人，没错，正是那个叫枫的男生。

他好像没有发现蓝似的，在纸上专心致志地画着什么。蓝走近一看，淡淡的蓝色颜料铺满了整张画纸，营造出一种很逼真的天空的感觉。这时，枫也发现了蓝，黑色的眸子里闪动着不安和抵触。气氛顿时有些尴尬。

"你好，我是蓝。"话一出口，蓝就被自己吓了一跳。她没想到自己竟然会主动和男生搭讪。

男生先是有些吃惊地打量了蓝一眼，随即释然一笑："我叫枫，很高兴和你做朋友。"

蓝发现，原来枫笑起来也这么温暖。

6

蓝与枫就这样熟络起来。枫并不是小说里描绘的那种很开朗乐观的男孩儿，他甚至比蓝还要沉默忧郁。蓝不明白为什么枫能够走进她那颗被冷漠悲伤填满的心，但枫总能给蓝一种无法言喻的温暖。这种温暖以一种奇特的方式与蓝的情感发生着微妙的共鸣，在体内慢慢发酵，晕开一阵甜蜜。

蓝喜欢看着枫在天台上画画的样子，认真专注的神情让他的侧脸看起来温文尔雅。这时候全世界仿佛都安静下来，只留下颜料划过画布的声音。枫总喜欢用蓝色去表现一个场景，因为他说那是最富有变化，最难驾驭的颜色。蓝有些欣喜，因为那也是自己就喜欢的颜色。

蓝和枫像两颗不起眼的尘埃，在属于自己的那片阳光中划着自己独特的舞步翩跹起舞。

关于他们为什么会成为朋友这个问题，蓝的解释是

流年浅唱，一曲离殇

他们都是同一类人，所以会走到一起。但是枫只是淡淡地说："我们不一样。""有什么不一样的，我们都是孤独的孩子，不是吗？"蓝有些伤感的反驳道。"也许吧。但有一点，你无法控制自己的情感，而我却能很好隐藏自己感伤。"枫一本正经地说出这些话，蓝有些不解。但很快，蓝就从月考的成绩单中找到了答案。

蓝已经不会去从一大堆密密麻麻的名字中找到自己，因为那实在很困难而且没有意义。但令蓝惊讶的是，一向稳居第一的程飞竟然只是第二，而晴由于发挥失常落在几十名。而那个第一名，蓝做梦都不会想到，竟然是枫。

蓝看了看教室前排的晴，她已经趴在桌上轻轻抽泣起来。再看向枫，他正安静地低着头，在草稿纸上画着什么。

原来我们真的不一样。蓝原本可以轻易地看清一个人，现在却始终看不清这个叫枫的男孩儿。枫，你到底是有一段怎样的过去？

7

蓝躺在床上，仰着头看那轮刚升起的新月。她不明白晴为什么要为一次考试而伤心流泪，为了一串冰冷的数字而伤心欲绝。蓝想，或许自己已经麻木了吧，已经很少有什么能够让蓝流下眼泪。妈妈还没回来，蓝不禁想起和妈妈在一起的点点滴滴。如银似水的月光在空中幻化成一个个银白色音符，流淌出那首妈妈经常哼唱的小夜曲。蓝静静地听着这安谧的曲调，满足地进入梦乡……

半夜，一阵轻微的谈话声将蓝吵醒。透过门缝隐约可以看到客厅里微弱光线，难道妈妈现在才回来？蓝起身轻轻将房门打开。在昏暗的灯光下，满脸倦容的妈妈坐在沙发上。而沙发的另一头，坐着一个陌生的男人。过了这么多年，蓝还是轻易地认出，那就是她以前的父亲。而最让她吃惊的，是坐在他旁边的那个人，竟然是麒一！他怎么会出现在这里？他不该出现在这里。

虽然他们压低了声音，但蓝还是能清楚地听见谈话的内容。

"小蓝要交学费了，我一下子凑不出那么多钱，只能找你借了。"妈妈不带一丝感情色彩地说道，脸上是不悲不喜的表情。

良久的沉默后，那个男人有些沙哑地说："我实在对不起你们，特别是蓝，这些钱就当成一点儿补偿吧。"说完，他把一沓钞票放在桌上。岁月不饶人，几年不见，他也老了。

气氛顿时有些尴尬地僵持着，许久，客厅里又传来了那个男人的声音："我已经叫小麒在学校好好照顾蓝了，他是个懂事的孩子，蓝会没事的。"

那一刻，好像有无数的原子弹在轮番轰炸着蓝的大脑，过后只剩下不停翻滚的一片空白和决堤的眼泪。蓝快步走到客厅，不顾妈妈惊讶的目光，一把抓起那把钞票用力砸到那个男人的脸上大吼："拿着你的钱滚出我们家，我们不需要你的臭钱！"然后充满仇恨地盯着麒一："骗子！虚伪！"说完随即转身跑回房间，将房门重重摔上。

原来自己还是需要别人的施舍才能存活，原来别人的关心都是假的，原来一切的一切都是自己的幻想和自作多情。蓝实在无法一下子接受这么多残酷的现实。她的思维已经被摧残到极限，瞬间让蓝失去了意识……

再次睁开眼，客厅里静得出奇。蓝小心翼翼地打开房门，客厅里只有妈妈呆坐在角落里，一如印象中被那个男人抛弃的场景。蓝走近妈妈，蹲下来，轻轻地抱住了她。平日里坚强的妈妈，此刻却哭得像个孩子。蓝想起利利弗兰克说的一句话：让妈妈哭泣是这个世界上最不可为的事。那么，是时候长大来照顾妈妈了。那张未老先衰的面容，已经再也经不起伤痛。好一阵子，妈妈才稍微平静下来，断断续续地对蓝说："小蓝，不是我要他的钱，是为了你，我才去求他的。我在这里的工资实在负担不起你的学费。我是没办法才去求他的……原谅我吧……"这些话一字一句地钉进蓝的心里，她把妈妈抱得更紧了："没事，妈，我懂，我都懂！"蓝终于明白，与其沉溺于往事，让那些与自己毫不相干的人影响自己的生活，不如珍惜现在，好好珍惜那些爱你的人。

尽管我不了解这个世界，但我只知道应该用尽全力去爱你。

8

时间的可怕之处在于，它给人以残酷的现实之后，依旧要马不停蹄地向前流逝，就算你已经体无完肤，仍要拖着受伤流血的身体艰难前进。你不会知道前面是紫槿木棉还是无底深渊。而它唯一的好处，就是无论经历过多大的伤痛，时间都会慢慢磨平它的棱角，将它封存在记忆长河的泥沙之中。

蓝一整个下午都无力地趴在桌上，昨晚发生的一切仍然历历在目，心还在不停地滴血。课间麒一来过几次，但蓝不想理他，他所有的关心都像是虚无的泡影。麒一此刻在蓝看来就是一个凶手，一个抢走自己父亲的凶手。

放学铃声响了好久，蓝才开始收拾自己的书包。手机显示有两条未读短信，一条是晴的，还是像往常一样的鼓励安慰。虽然永远不可能明白自己的想法，但看着这些字眼儿，蓝突然有种想哭的冲动。她明白了，就算全世界背离自己，还是会有一些人愿意固执地站在原地等她。另一条短信是枫的，上面只有一个奇怪的地址。虽然不知道那是什么意思，但蓝还是迅速收拾好书包，朝那个地方走去。

天色渐暗，蓝在郊区的一栋破旧的房子面前停了下来。潮湿的门板半掩着，透出暖黄色的光来。蓝正考虑要不要进去，门就被打开了，随后映入眼帘的便是枫那张俊美的脸。蓝有些惊讶地看着他，她不明白枫为什么会住在这种地方。枫什么都没有说，只是将蓝带到他的房间里，脸上还带着少见的笑容。

这是蓝第一次到枫的房间。

满眼的蓝色填充着这个房间的每一个角落。窗帘，格子床单都是蓝色的。被粉刷成天蓝色的墙上，挂满了枫的绘画作品，当然，也都是以蓝色作为主色调。

那种大片蓝色的豪放，细碎蓝色的忧伤。勾勒出一种令人难以言喻的意境。

看着那些或深邃或安谧的颜色，蓝好像看着过去的自己。那一抹抹奇异的色彩，在蓝的眼前真切浮现出一个遍体鳞伤的自己，就那样直勾勾地望着自己。蓝从没有这样直接地面对心灵的创伤过，她也是第一次发现，色彩一旦经过枫的手，就会变得极有灵气和情感。那些记忆最深处的片段，此刻又一遍遍地扫过眼前。枫就像看着一幅自己满意的作品，歪着头微笑地看着蓝。

9

习习的凉风拂过郊区的上空，带来一种晚间特有的清凉。

　　蓝和枫并肩坐在屋顶上，远远地望着不远处那个五彩斑斓的城市。看向枫，他淡蓝色的衬衫被吹得鼓鼓，那双清澈的眸子仰望着天空，仿佛要将这个星空装下。

　　枫看着远处，自顾自地说道："在我很小的时候，我妈妈就抛下我们这个家走了，你能体会那种一夜之间失去至亲至爱的感觉吗？为了生存，父亲带着我到处奔波，他在我面前从来都表现得顶天立地，所以我发誓要用最好的成绩来报答他。而现在，他得了胃癌。"说到这儿，枫有些哽咽："以前都是他照顾我，现在轮到我照顾他了。无论如何我都不会放弃的。"

　　蓝静静听着这一切。相似的经历，然而枫却要比自己不幸得多，自己起码还有一个健康的妈妈。如果这样枫都能够坚持下去，那自己又有什么理由放弃呢？

　　枫擦了一下眼睛，便转身下楼，上来时候手里多了画板和颜料桶。他淡淡地说："把你的故事也讲给我听吧，也许能给我灵感。"

　　于是蓝便开始讲起来。讲她的小时候，讲她那破碎的家庭，讲她为了自己辛苦劳累的妈妈，讲她所能讲的一切。她就这么歇斯底里地讲着，简直是要把自己所有的酸甜苦辣全部倾倒出来。等到蓝停下来，她才发觉自己早已泪流满面。而枫依旧是旁若无人地画着，好像什么都没听到，与尘世隔绝了一般。

流年浅唱，一曲离殇

等到枫画下最后一笔后，他才把画递给蓝。上面除了一个小小的月亮外什么都没画。奇怪的是，这个月亮也是蓝色的。但蓝看到它就像是看到了小时候那个仰望月亮的小女孩儿。所有的情感和意境，都流动于一笔一画的线条中，呼之欲出。

"这幅画叫什么？"

"就叫'蓝调'吧。"

10

在蓝后来的梦境中，经常会出现这样的一个场景：一个衣袂飘飘白衣男子坐在天台上，对着一轮明月在忧伤地吟唱着什么。蓝心里知道，那就是枫。而他不断重复吟唱的那首叫《蓝调》的歌，也早已超越时间和空间维度，融进无尽的月光中，一直陪伴在自己身边，从未消逝。

俯身悲伤碾过，转眼蓝调成歌。

流年浅唱，一曲离殇

陌上桑

宋安铭来电话找我的时候，我还和周公他老人家约会呢，被一阵急促的铃声生生地把我从梦中拽了出来，我对扰我清梦者很愤怒，在心里问候了他老人家八遍，然后咬牙切齿地骂了句，才不耐烦地接过电话。

"早上好。"电话那头宋安铭悦耳的声音轻轻响起。

"好个头啊，这大清早的就把我叫起来，您是闲得慌还是吃饱了撑的呀，你不知道扰人清梦也是一种罪过吗？"我余怒未消，对着电话那头的宋安铭不依不饶。但说实话，听到宋安铭声音的那一刻，我愣了几秒，也许是由于太久没和他这般亲昵，一时间我还是不太习惯吧。

"你怎么知道的？"宋安铭嬉笑着调侃，轻轻笑出声来，声音动听犹如一串贝壳风铃，让人听了心里就觉得舒坦。我闭着眼睛都能想到他微笑的样子就像是这不经意间洒落的阳光一样。

"怎么，您老找我有何贵干？"我舔了舔干燥的嘴唇，微笑着问。我麻利地跳下床，拉开窗帘，发现今天是个晴天。

"能出来吗？我就在你家楼下……"未待他说完，我已经抢先挂了电话。

踏出房门才发现家里没有一个人，饭桌上像往常一样留着一张字条，再无其他。我把纸条揉成团然后花了十分钟把自己收拾整齐就出门了。刚到楼下，就看见宋安铭坐在一辆摩托车上，单脚撑地，一副安安静静的表情和似有若无的笑意，更给他增添了几分帅气。

"怎么，找我有事？"我扬起头，有些好笑地问。

"没啊，就是想来看看你。"宋安铭平静地说。我总觉得他有些怪怪的，但真的要说哪里不对劲儿我也说不上，我还是觉得电话里的宋安铭要自在得多。

"喊。"我毫不客气地白他一眼，聊表我对他的鄙视之情。

"怎么，你妈不在家吗？"他顿了顿，转变了话题。

"嗯，他们都不在家，我又要挨饿了。"我吸了一下鼻子，可怜巴巴地望着宋安铭。

"那，我带你去吃好的。"宋安铭笑了一下，有些无奈地说。

我拿过他手里的头盔，跳上他的车后座。他骑得有些快，路上风又大，我散在头盔外的长发扬成了一面旗帜，可我一点儿都不介意，心里盛满了小小的甜蜜。

KFC里，我大快朵颐，而宋安铭却只坐在我对面微笑看着我狼吞虎咽。气氛有些尴尬，宋安铭努力地找话题，我们就有一句没一句地聊着，聊到最后，我们都无话可说了。

回去的时候，宋安铭送我到我家楼下。刚准备上楼，宋安铭突然叫住我。我转身看见宋安铭放好车，冲我跑来。

"怎么了？"我皱了皱眉头，有些疑惑。

"没……没什么了。"宋安铭一副欲言又止的样子。他本想像小时候一样刮刮我的鼻子，迟疑了几秒后动作僵在空中，随后又揉了揉我的头发化解了这困窘。

我将这些都看在眼里，却还是故作亲昵地叫他："哥。"还没等他反应过来，我就已经扑进了他的怀里。他的身上带着一股淡淡的薄荷味，很好闻，给人一种温暖而厚重的踏实感。宋安铭略带羞涩地拍了拍我的背，附在我耳旁轻声说："微微，好好学，你一定能行。"

我放开了他，几步跑上楼梯，又转身向他喊："哥，再见！"

宋安铭笑了笑，冲我摆摆手，示意我回家，而后头也不回地走了。

第二天下午，我闲得无聊搜了部片子看，才看到精彩片断，宋安铭就发来一条信息，上面只有短短二十个字：

> 我走了，正在火车上。还有，我可能不会回
> 来了。保重。

这时，我才明白过来，他昨天是来与我告别的。我以为他只是单纯地来看我而已，却未曾想过他这是在向我告别。我有些慌了，打他电话却怎么也打不通。万年不变的甜美女声提示我，对方关了机。我想，宋安铭这回是铁了心不再跟我联系了。

从我小时候住在奶奶家的日子算起，宋安铭一直在我生命中充当了哥哥这个角色。其实，我和宋安铭并非亲兄妹，他只是我大伯的孩子而已。小时候，宋安铭经常带着我到处跑，什么爬树捕知了，上山采野果啦……他总是能很轻易地讨取我的欢心，而我就跟在他身后"哥哥"地唤，唤得他心里开花开朵。要是和他一起玩的小朋友欺负了我，他就立马臭起个脸来，冷冷地说："她是我妹，你别欺负她啊。你要是欺负了她，我就不和你玩了。"把我哄开心以后，他又接着和其他小朋友凑一起斗得天昏地暗。

有一次，一个小男生把我吓哭了，并且态度强硬坚决不肯道歉。结果宋安铭真就和那男生动起手来，双方扭打

在一起难分难解。最后，那小男生哭着跑回家告状去了。宋安铭却假装淡定，一副无所谓的样子。当晚，宋安铭就被结结实实地揍了一顿，但他却笑得一脸云淡风轻，依旧宠溺地对我说："没事儿，我一点儿都不疼。微微，以后有谁欺负你，我还揍他。别怕，有我保护你呢。"

我将信将疑地点点头："真不疼？"然后我不等他回答直接用手按了他一块伤处，结果他龇牙咧嘴地嚎起来，满屋子跳脚。我看着他好笑的反应，一下子没绷住笑出声来……打那以后，再没人敢欺负我了。

后来，爸妈在城里买了房，我也到了上学的年龄，他们就把我接回了城里，但每年假期我都要回老家住些时日。十二岁那年，我照例回老家看奶奶。结果没看见奶奶，我就先跑去找宋安铭玩了。我们疯了一下午，回去时却听见宋安铭他爸妈在大声地争吵着什么："……什么，你怪我，当初不是你说抱一个好，谁知养大了却是这般不争气……"伯母一边哄着她怀里正不停哭闹的刚满月不久的小堂弟，一边用略带激动和愤怒的声音大声辩驳着。"你给我住嘴……"大伯似乎是喝了酒，连声音都有些颤抖，但嘴里还在不停地骂骂咧咧。这些话清晰而有力地传入我们的耳膜，直达心脏。我们当然明白他说的是什么意思，这样一个苍凉而盛大的秘密竟以这样一种突兀的方式呈现在我们面前，这实在令人难以接受，也让人不知所措。所以，宋安铭愣住了，停下了推门的动作。我也站在那里不知所措。屋里的吵闹声还没有停止，我拉着宋安铭逃开，宋安铭却突然甩开我的手，拼了命地往前跑。这一次，我没有叫住他，只是用自己最快的速度跟上他。后来，宋安铭停下来，仰面躺倒在一个小山包上，我安静地坐在他身边。许久，我们都不曾说话。

"哥，你还好吗？"我开口打破这令人尴尬的沉默。宋安铭却不看我，只沉默地点点头。

"那，你讨厌他们吗？"我小心翼翼地问，转过头很认真地望着他。

宋安铭点点头又摇摇头，他的眼神很复杂，里面有一些落寞，一些难过，一些忧伤，一些愤怒，还有一些我看不懂的东西。太阳渐渐沉落在山的那头，夕阳很美，却徒增几分凄凉和落寞。过了很久，宋安铭突然站起身，对赖在地上的我说："饿了吗？我们回去吧。"说罢，拉起我往奶奶家走去……

回家后，我装作偶然和爸妈说起这件事，却发现所有人早都知道了，不知道的，只有我和宋安铭。

原来，什么都不明白的，是我们。

后来，宋安铭也转到城里来上学。那些时日，他就寄住在我家，我别提有多开心了。但对于宋安铭的到来，妈妈显然不是很欢迎，有时也表现出明显地不高兴。妈妈总是挑着宋安铭不在的空档斥责我："宋微，我告诉你，你少和宋安铭厮混，你要是再这么不听话，我早晚得收拾你……"相比之下，爸爸的态度就好多了，他只是叫我别因为玩儿耽误了学习，妈妈不在的时候，他还会请我和宋安铭下下馆子。有好几次面对妈妈的刁难，我都偷偷去向宋安铭道歉，但宋安铭却笑着说："微微，我明白，其实你才是最为难的。没关系，我可以忍耐的。"我想，宋安铭真是我遇到过的最好的哥哥。

宋安铭只在我家住了两年，就自己申请寄宿。后来，听说大伯经常酗酒，脾气也愈发暴躁起来，宋安铭渐渐地也变得无心向学了，在学校里还受了处分……妈妈就经常拿宋安铭做反面典型来教育我："宋微，你最好给我认真点儿学，否则你也会和宋安铭一样，到时候……"我对她的这些话向来嗤之以鼻，不过，我却为宋安铭感到隐隐的不安和担忧。

十五岁那年夏天，我考上了市重点高中，也是那一年夏天，宋安铭辍了学，待不住的他跟着熟人在邻市找了一个师傅学技术。那一年，妈妈也变得越来越不可理喻，她的脾气就像小孩子般反复无常，我觉得家里的气氛压抑得让我喘不过气来。我想我完了，我的青春期和妈妈的更年期撞上了。但我仍告诉自己，没关系，会好的，一切都会好的，要更加隐忍和努力。

也是那一年，我和宋安铭仿佛从一个岔口开始走向了两条截然不同又不可回头的路。宋安铭回来后，我们见过几次。某一次假期，宋安铭来找我却碰上妈妈在家。当时，我其实是出门后折回来拿东西的，结果还未踏出房门就碰上了这档子事儿。妈妈开门后，似乎并未让宋安铭进门。我想当时的气氛一定很尴尬，我知道如果我出去只会让事情变得更糟。我只好待在房里，隔着墙壁，我听不见宋安铭的声音，只听到妈妈的斥责声和一些楼上传来的嘈杂声。妈妈严厉地大声对宋安铭说："……你以后少来找我们家微微，她跟着你把心都玩野了，你自己不学好把她都带坏了。微微以后是要考大学的，你知不知道……"妈妈再次刁难了宋安铭，而后重重地把门关上。我一直不明白妈妈为什么对宋安铭抱有那么大的偏见和排斥。

面对妈妈的无理取闹，我只能无奈地沉默。夹在妈妈和宋安铭之间，我真的不知道怎么办才好。我跑到房间尽头那扇大大的窗前，打开窗，风从外面一股脑儿地跑进来，吹乱了我额前的刘海儿和耳际的发。我探出头，看见宋安铭有些落寞和悲戚的背影，就像一只受了伤的猫，一个没有分到糖果的小孩儿。我有些不忍，便大声地喊他："哥……"声音传出去很远，我想他肯定是听到了，他回头带着一种陌生的眼光看我。"哥，对不起。"我对着楼下的宋安铭大声喊。对不起，是我的懦弱和委曲求全伤害了他，他一直像勇敢的骑士一样保护着我，而我却不曾也不敢为他勇敢一次。宋安铭莫名其妙地摇了摇头，仿佛是在告诉我他并没有怪我。然后他扬起头，对着我像疯子一样傻笑。之后他转身埋下头快步离开了我的视线。我总觉得他要离开我了，我看着他离我越来越远了，一种慌乱的不安袭上心头，我也说不清缘由却只是莫名地失落。

之后很长时间里我都没有再见到宋安铭，我只好耐心地安慰自己：会没事的，他只是太忙了而已。宋安铭再也没来找过我，只是在重大传统节日，亲戚互相拜访的时候，我们才会见面，但每一次他总是安静地坐在角落里，偶尔也瞥我几眼，却带着一副淡漠的我所陌生的表情，也许，也许他并不是宋安铭吧。不，他不是宋安铭，他怎么会是我身边的那个宋安铭呢？可是，他们明明那么像，那么像。我想，我们真的回不去了，我生命里那个风一样的少年已经与我渐行渐远了……当我意识到这些，难过得不能自已，终于蹲在冰凉的地板上一点点地哭出声来……

自宋安铭这次离开并决心不再联络我后，我们再也没有见过面。我的生活依旧平淡如水，只是又好像缺了点儿什么。宋安铭离开很久之后，我才让自己平静下来，把这些事情都深埋在心底，并且决心像宋安铭说的一样好好学习。我开始发了狠地学，然后每天花上大把的时间去背那些烦琐的公式，和那该死的数学题纠缠不休……那些日子里，精神都是紧绷的，只有日复一日的忙碌。可是忙来忙去，我却不清楚自己在忙些什么。当试卷上的对钩越来越多的时候，我知道，只要走过这段狭长黑暗的胡同就是出口了。

那些时光打马而过，什么都不曾留下，留下的却只有我的无奈与迷茫。一晃就到了高考的日子，我没有想象中的慌乱与不安，心里却是一片平静，平静得甚至没有一丝波澜。历经了这一切后，我终于可以逃离这里了。那个假期里，我终于开朗了许多。妈妈倒是没什么表示，却好几次欲言又止。偶然听一个亲戚说宋安铭又回了老家，然后我有些期待地打给宋安铭，然而还是没有打通。我发短信告诉他我考上了大学并希望他能来送我。然而，他依旧没有回应，我却还是抱着一丝希望陷入漫长的等待。

转眼，便是离别。

爸妈送我上车前，仍不放心地对我再三叮嘱。我有些不耐烦地敷衍着。然后是一阵冗长的沉默。沉默了许久之后，爸爸突然把我拉到一边开口打破了这尴尬的气氛："以后我们不在身边，你就只能靠自己了。在外面要多加小心，要好好照顾自己，记得按时吃饭别再把胃弄坏了。还有，也别怪你妈了，她一直对你很严厉，其实也是为你好，希望你能有出息……""嗯，我都明白的。"这种气氛对伪文艺的我来说真是催泪啊。其实，我又何尝不明白，他们沉默无言而又严苛的爱，我都明白。虽然我曾一度想要逃离，但这一刻，我突然对这座我生活了十几年的城市产生了一种深深的眷恋与不舍。也许想要逃离的地方，其实真的是天堂。

宋安铭终究是没有送我。我不难过也不悲哀，只是有点儿怅然若失，像是心被掏空了一小块。

车窗外的世界依旧喧嚣，熙熙攘攘的人群里却并没有我想念的少年。抬起头望天，太阳炽烈得晃眼，刺目的亮光让人想要流泪。恍惚间，我仿佛又看见十五岁那年夏天，那个干净明朗的少年，在傻傻地对着我笑……

友谊是条长长的路

安 奈

1

我想我快要死了。跟班主任请完假从教室走回宿舍的时候，我近乎自嘲地想着。额头上一直冒着虚汗，脚好像踩在棉花上，整个人轻飘飘的。天空还特别配合地下起了小雨，偏偏我又没带伞，看起来就像个悲情女主角。

当然，我这么悲情是有原因的。原因在于我们一起去看了那个网络上盛传的二十一天减肥法，前三天要绝食。我们照做了，结果四顿没吃的我率先虚脱了。

我拖着缓慢的脚步回到宿舍，然后身子一倾，整个人就砸到了木板床上。我就这样沉沉睡去。

我是被你叫醒的。你颇为暴力地踢开我们宿舍的门，背着你的黑色书包，把脸凑到我面前，说："Hey，girl. Are you still OK?"

我睁开眼睛，从床上爬起来，虚弱地问你："放学了？去吃饭么？"

你翻了个白眼，说："瞧你那小样儿，不去吃饭怕饿死你！"

我点点头："说的也是。"然后起床穿鞋。

"我跟你说件事哦。"你坐在床上，晃着两条腿，语气颇为轻快。

"说吧。"我头也不抬。

"早上刘一洋给了我个面包，我估计他知道我们一整天都没吃饭。我分了一半给他，然后他就脸红了。真好笑。"你笑嘻嘻地说。

我系鞋带的手稍稍停顿了下，立马换上调侃的语气说："哦——你一半，他一半，感情不会散。"然后对你眨了眨眼，"陈薇美女，刘一洋不会是喜欢你吧？"

"鬼知道。"你听起来毫不在意的样子，撞撞我的手肘："走吧，吃饭去。"

"嗯。"我应了声，然后顺从地跟你一起走向食堂，看起来好像没事人一样。但其实我是有事的。在你说刘一洋给了你个面包时我的心就微微绞疼起来了。一直都是这样，你光芒四射，你美好，你站在人群中总是焦点，所有人都愿意把爱给你。同样是一天没吃，你有面包有关心，可是，陈薇，为什么没有一个人肯来关心我？还有，为什么是刘一洋？我宁愿喜欢你的是别人。

我心里有点儿难过，即使我知道你一直都是受欢迎的女生。可我不知道的是，今天这件事会让我们两个的友谊产生一条裂缝。

少年的你是跨过季节的骑士

2

不知道为什么，在拿到刘一洋偷偷放到你抽屉里的信的时候，我的心里突然闪过这样一句话：嫉妒是女人的天性。

然后我的手就停在了那里。我凭什么嫉妒你？你是我最好的朋友，你是最美好的女生，刘一洋喜欢你很正常。这样想着，我一直在发抖的手就安定了下来。刚想把信放回去的时候就听到了你的声音："于安！你在干吗？"你的声音甚至带上了颤音，口气里满是不可置信和吃惊。也是，任何一个人都接受不了自己的好朋友对自己做出这种事。

我抬起头，对上你的眼，刚想解释些什么，你就已经冲过来，夺过我手里的信，冷冷地说："于安，我不知道你是这种人。爱看你慢慢看！"你又把信扔回在我身上，头也不回地走出了教室。

"陈薇……"我叫了声你的名字，就再也说不出一个字了。我捡起信，把它放回原来的位置，然后也站起身来。我知道，这一次是我自己让我失去了你。

我看了看窗外，阳光正好，可是再温暖的阳光也融化不了你心里的冰霜了吧？陈薇。

3

那天过后，你开始疏远我，不再和我说话。我又成了孤身一人，也变得更加沉默寡言。可你却仍旧在人群中大声欢笑。我知道，你向来不缺朋友。即便少了我，你也可以活得风生水起。可我却不行。

偶尔你的目光会从我身上掠过，每次都像一把锋利的冰刀，足以刺透我的心脏。这时我都会深深地低下头来。因为你的目光总会提醒我，我曾做了一件多么令人不齿的事。

其实我一个字也没有看到。其实我那时刚要放下那封信的。可是，这么多个"其实"有什么用？有这种想法就是错的。你不会原谅我了对不对？陈薇，我们之间的那条裂缝，好像在不断地扩张，将我们越隔越远。

直到那一天，早上原本晴朗的天空突然变得乌云密布，放学后大雨倾泻而下。我从教室走出来，看雨好像隔绝了我和整个世界。我看着不远处的塑胶跑道，眼神渐渐放空，我知道，不会有人愿意为我撑伞的。

"喂，过来。"思绪被你的声音打破。你拿着一把伞对我晃了晃，声音里带着埋怨："怎么每次都不带伞？"

我吃惊地看着你，然后慢慢走到你身边。你打开伞，和我共同走进雨中。豆大的雨滴打在伞上，发出很有节奏感的响声。"你不生气了吗？"我看着你白皙的脸，小心翼翼地问。

你转过头来，撇了一下嘴，无奈地说："有时候，习惯真是可怕的东西。你看，你习惯不带伞，我习惯与你共撑一把伞，习惯与你一起去食堂，一起回宿舍，习惯和你一起在塑胶跑道散步。我已经下定决心疏远你了，可是于安，我还是习惯不了，身边没有一个安静微笑让我很有安全感的你。"

我看着你，嘴角慢慢上扬："其实，我并没有看……"我还没说完，就被你打断了。你说："于安，不要说了。其实，有些错误是可以被原谅的。你说对不对？"我看着你微抿的嘴角，闻着你头发上散发出来的和我同种品牌的洗发水的香味，深吸了一口气，重重地点了点头。

我不知道我这样子算不算原谅自己，可是你原谅了我，这已足矣。

4

我们仍旧像以前一样，好像什么事都没发生过。

可是我知道，有什么东西变了。有人说，没有绝交过的朋友也不会是至交。所以即使我们仍旧每天没心没肺，却也明白了友谊是件奇妙的东西，它不是爱情，它可以破镜重圆，并且，破镜重圆后的友谊，更为珍贵。

快要中考了，我们开始每天奋笔疾书，挑灯夜战。开始每天抄写大段大段的句子来激励彼此。也开始担忧如果考不上同一所高中怎么办。

可是陈薇，我想告诉你的是，其实不用担心这么多。你考上哪一所高中，我就陪你上哪一所高中。我知道未来很远路还很长，前方还有许多坎坷挫折等着我。可是我不怕。因为我知道，友谊这条长路，有你陪我走。

——谨以此文送给H小姐。

流年浅唱，一曲离殇

TA们告诉我

鲂芊

1

高一时，坐在我前面的是一对双胞胎，她们长得一样，还穿着一样的校服，所以我总是叫错她们。相处半个月后，我掌握了区分她们的窍门：总是微笑的是姐姐叶菲，爱皱眉的是妹妹冯雪。姐姐跟妈妈姓，妹妹跟爸爸姓。

我喜欢她们，总是缠着她们，和她们一起吃饭，一起逛街，一起学习。妈妈说："你干吗总是和她们姐妹在一起，不怕她们嫌你烦啊？"会吗？我把这个问题问了冯雪，她说："不会，反而你的加入减少了我们之间的尴尬。"尴尬？姐妹之间怎么会有尴尬？她看见我疑惑的表情便把一切都告诉了我。

"我们的确是一家人，可又是两家姓，没办法，爸妈在我们四岁的时候就离婚了，她跟妈妈，我跟爸爸。离婚后，妈妈又嫁给了另外一个男人，并且有了孩子。不过还好，叶菲的继父对她挺不错的。"

"那你爸爸呢，他没再娶一个吗？"

"他死了，因为肝癌。"

我呆住。她继续说："我和爷爷奶奶一起生活，初三的时候爷爷也去世了。"我走上前轻轻抱住她，说："以后还有我。"

从那天开始，我把冯雪当成自己的亲人。有好吃的我会分一半给她，看见好看的文具我会另买一份送给她，去书店买练习册也会给她买一本。这不是施舍，而是亲人间的分享。

我以为我做得很对，直到我收到冯雪的一封信："我知道你对我很好。可是我真怕哪一天会把你的物质分享当成习惯。友谊不应该建立在物质上，共同承担与拼搏才会长久。"我便明白我的关心对她而言是种压力，于是我不再送她礼物而是和她一起学习，分享心事。当然，我偶尔还会给她和叶菲属于朋友与亲人间的小惊喜。

冯雪教会我真的友谊不是物质的分享，而是源于内心的支持与信任。

2

"我花多少钱买股票用你管吗？钱都是我挣的！"客厅里传来爸爸的声音。

"我不管？你还把这个家当家吗？二十万你都炒股了，赔了怎么办？！卖房子吗？现在这样的行情你去炒股不等于自己往火坑里跳吗？"妈妈带着哭腔，喊得撕心裂肺。

"我往火坑里跳怎么了？我告诉你，这个家早晚都得散，别指望我给你们母女留什么！"这句话从他口里一出，我再也坐不住，冲出客厅："够了，别吵了！要离你们赶快离，吵什么吵，烦不烦！"

说完我就后悔了，我怎么也没想到自己会说出这样大逆不道的话。

"啪"，一个巴掌打在我脸上。大脑瞬间空白。我木木地看着站在自己眼前的男人，他红着眼睛冲我喊道："滚！给我滚！"我冷笑："好，我滚。"

我真的"滚"了，去了江边，还拎了半打啤酒。到江边的时候那里已经坐着一个人，大概是听见我的脚步声了吧，他回头，对我晃晃手里的酒瓶说："一起喝吧。"面对陌生人的邀请，我迟疑了一下，却还是走过去坐到他身边。

"你为什么来喝酒？"他问。

"和你一样。"

"哈哈，我被女朋友甩了，你难道也是？"

"那倒不是，"我启开一瓶啤酒，"我被我爸甩了一巴掌。"

"也算是同病相怜，来，干杯。"他举起啤酒。我没理他，轻轻晃动着啤酒瓶说："我叫莫涵，晨阳中学11级18班的。"

"好学生啊，"他喝了口啤酒，"我蒋子桀，英华园10级日语班。"

"有钱人啊。"我学着他的语气。

"那你有没有兴趣和有钱人谈场恋爱？"他突然握住我的手腕。我一惊，心想：完了，遇见变态了。

见我一脸嫌弃，他松手，笑着说："算了，不吓唬你了，不过你不用那么嫌弃我吧，我长得很差吗？"说实话一点儿也不差，可我却点了点头。

"My god，"他用手扶住额头，"你是不是学习累得审美疲劳了？""不是。""肯定是！""不是！""是！"

等我们把酒喝完，江里的船都亮了。我摇摇晃晃地站起来，以一种居高临下的姿态说："蒋子桀，我们在一起吧。"

他站起来，抱住我说："你别后悔啊。"

其实他抱住我的时候我就后悔了，可是脸上未退去的疼痛让我决定好好叛逆一次。

我们和别的情侣一样，牵手、拥抱，一起上学、看电影、逛街。时间在前进，我们的感情也越来越好。而家里的温度越来越低。每天都免不了争吵，我已经习惯了，或者说不在乎了。

蒋子桀告诉我生活在打击你的同时，一定会给你另外一个肩膀依靠。他就是我所依靠的肩膀。

3

2013年4月1日，妈妈告诉我她和爸爸离婚了，我把它当作愚人节玩笑，没去理会。半夜，我起床去洗手间，路过妈妈的房间时听见了她低低的哭声。我推开门，走到她旁边，轻轻地抱住她："以后还有我。"突然想起也曾这样抱着冯雪说过这句话。再次说出来，心疼未减，更多了份责任。

那晚妈妈和我说了好多试图隐瞒我的事，比如爸爸在外面还有一个女人，比如爸爸和那个女人有了属于他们的孩子，比如那些钱没有炒股而是转到那个女人的账户上了。

"一切都会过去的妈妈，至少现在我们还有房子住。"

"嗯，至少我还有你。"我知道，我是她的一切。

我跟蒋子桀说我和我妈被我爸抛弃了，他抱住我说想哭就哭吧。我推开他："我没那么爱哭。""女人不在男人面前脆弱点儿是会贬值的。""拉倒吧。"面对他的"花花公子理论"我总是不屑一顾。

"子桀。"

"怎么？"

"你会不会扔下我？"

"笨蛋，你想多了。"

我是想多了，可是我需要一个准确的答案，而他什么也没说。

2013年6月7日，蒋子桀步入高考考场。高考结束后，他就消失在我的生活里。我没去找他，他只是用行动告诉我答案而已。他的答案就像他给我的痛一样，无声无息却又实实在在，比我挨的巴掌还疼，因为他打在我心上。

我还是没哭，因为早已麻木，我像个玩偶一样，准时起床，上学，吃饭，睡觉，不和别人说话，也没有面部表情，行尸走肉般。

6月23号晚上，妈妈给我发了条短信，我看后，再也忍不住，泪如雨下。

妈妈告诉我：被抛弃是坚强的开始，智慧与能力能造就孤身一人的美丽，坚韧而妖娆。

4

高三升学礼上，校长带领我们宣誓：……拼一载春秋，为一生无悔……我们终将胜利，我们注定辉煌。

就这样高三了。过去的高中两年我经历了很多，也明白了很多。心情很复杂，但感谢占了大半。谢谢TA们，让我学会真实，学会分享，学会爱，学会坚强。

愿TA们一切安好。

夏花开不见

夏花开不见

锦　末

数学作业给我。薄雾未消的清早，尚未坐定，左手边的PP头也不甩地扔给我一句话，手则不停地在作业本上锻炼着她任何人都无法企及的运笔速度。

PP是我悲催四年初中生涯中霸占了我两年青春的悲催同桌，要说她是人们印象中那种好事不做、坏事做尽的坏女生，那的确不是，起码她心眼儿不坏。只是："都初三了，你能不能安分点儿啊？"

PP果真开始安分了。她知道我喜欢她最好的朋友，身为班花的M，而我也知道她暗恋我最好的哥们儿Z，这是我们深藏的秘密。

"我帮你追M，你帮我追Z，怎么样？"一张折得方方正正的纸条落在我的课本上，让正在欣赏落进教室阳光中飞舞的小尘埃的我心惊了一下。明黄色作业纸上赫然写着这句。我仔细地想了想，费了数百个脑细胞后：
"好。"

就这样没头没脑地答应了她。课后大多数时间，PP要不安然坐着，要不趴着埋头睡觉，不再如从前一般吵闹了。她说她最大的理想是做一个淑女，抚着齐肩长发，嗲声嗲声地说："讨厌。"呵，想想罢了。权把她做淑女的话当成追Z开的国际玩笑，于我她至多用她尖细的指甲狠掐着我的细皮嫩肉，一副怨妇尖酸刻薄的样，然后发恨地瞪着我："滚！"我习以为常地经受着身心的摧残打击，极其淡然："你说滚就滚呀，多没面子哦。"

钻进人心肺的上课铃掩盖了夏蝉的嘶吼。物理课上，我翻着白眼听于我这个中等偏差生如天书般的物理。PP凑过她的蘑菇头："你怎么帮我？"

我瞥了她一眼，顺眼看向明晃晃的窗外："我怎么知道？"

隔着一个走廊距离的窗外，麻雀在大树顶端枝丫上喳喳叫了两声，它尖尖的喙啄出了枝头青绿冒尖的新芽。

PP抿抿嘴："中午来……"

伴着急促的下课铃末音收尾，洽哥和Z随着我涌入了校门口的人海，憋着气好不容易从中脱离出来，我张大口呼吸着混着烟尘不新鲜的空气。一起回家是我们的习惯，但总感觉今天会有什么事，作为男生的我有时第六感也可信，即使不是什么关乎芸芸众生的大事，也是某个常二之人所做的二事。

　　走过了树影斑驳熟悉的两条街道，肚子空空迫使我与他们分道，我走略近些的路回家，他们则拐进了巷中。这时耳边幽幽飘来如同招魂般的呼唤声，果不其然，是如上所描述的常二之人、现正鬼鬼祟祟的PP。我没趣地朝她招招手，太阳这样毒辣怎么没把她毒蔫呢。

　　PP没发现我顶着烈日在咒她，笑嘻嘻地靠过来，避开身边的自行车，精力旺盛的她雀跃着告诉我今天她要向Z表白，叫我拉住他别那么快回家。PP身后还有另两个花枝招展的女生，是她拉来助阵的吧。我一向对这类女生无好感的，除了傻不拉叽的PP。

　　我暗自发笑，这么大阵容，到底是抢亲还是告白啊？作为好同桌的我本着利人利己的原则从了她的要求，重新拐入巷中追上了未走多远的Z。

　　小巷右侧灰石砖墙后面是一片废墟的灌木丛，丛中蔓延出的绿色藤蔓及巨大树枝遮住了巷道的半数阳光。我不时瞥向身后，PP在不远处紧随着。

　　突然同情起PP来了，这个可爱的同桌，找个表白的时机还要亲自制造机会，人家要是拒绝了还指不定抱个枕头伤心地哭上几天。倒追的，我还真只见过她，虽然Z告诉过我并不喜欢我的同桌，但我真心希望Z别残忍地拒绝PP，起码PP除了缺点还都是优点嘛。

　　而后的而后，还是没有了结果。不知Z有没有拒绝

PP，若是拒绝了，不知她有没有哭；若是哭了，不知道她哭了几天。这些我不会知道。

我穿过了薄雾，几颗微小的晨星安之若素地挂在清晨的空中。穿过了街道，到达学校，一切如常，所有人依旧过活自己的过活，凉白开的日子天天如同复制一般，唯一不同的是，今天周一，例行的升旗仪式。所谓仪式，就是我们干巴巴地站在偌大的操场，看着校长主任愤青一样在升旗台上手舞足蹈。在雾气霭霭，晨露未消的早晨，听着广播里大大小小的消息，有人成长了，有人感冒了。

PP捏着个热气升腾的鸡蛋煎饼吃得正欢。看来作业她已经早早地抄完了，我胡乱把书包塞进了抽屉。

升旗仪式在操场，M就在我旁侧和我比肩而立。我眼角余光望见M的侧脸，逆着光，几缕鬓发轻盈地在她耳边扬起。M是我唯一见过穿校服都好看的人。楼顶遮住天空的一角太阳露出了头，水泥地上渐渐显出了阳光边缘的轮廓。老师曾说，我们是初升的太阳。

日光倾城。迟暮时分，倾洒一地的阳光变成了一地金黄。在某个里巷中遇见了M，来来往往的人很多，可阳光好像只眷顾她一个人，为她镀上了一层微漠的光芒。我并没跟她打招呼，她静静地走过，浅笑的梨涡极是好看。南方有佳人，遗世而独立。

PP替我把M的资料信息全收罗来了，这也算是她尽自己的力了。我感叹PP强大的同时，看到M的家乡是省城。

记得M跟我聊天时说过，她会转学。

　　果然，夏花开得正盛时，她转学了。回到了省城，我们本来就不近的距离彻底扯远了。于她，我只不过是生命里一个可有可无的过客，过客始终是过客，过了便不再为客。是不是陌生人，谁又会知道。

　　而后的而后，也再没了结果。在回忆阳光中那一抹浅浅的梨涡时，会想，是不是真有这么一个人出现在我的生命里，像夏花缓缓地开放，却又倏忽消失不见。想要抓住什么，却连回忆也丢失。

　　后记：PP和我，对Z和M，没有结果的结果，都是无疾而终。我还是PP压迫中的同桌，PP继续霸占着我的青春，Z伏在桌上奋笔，M安居于省城，生活则还是不紧不慢地朝前碾进。这既是结局也是开始。

情 侣 装

TT

First.

我喜欢见到阿七的那个午后。

补习班全天制，中午自由，于是我一个人跑到大街上乱逛。

挂着淘来的耳机，捧着一杯冰的卡布奇诺，短袖、短裙、短发、帽子，就这么走在街上。

阿七同样一个人，挂着耳机，把玩着一杯饮料，短袖、短裤、帽子。

本来应该不会注意到阿七，可是我就是注意到了，因为——我们撞衫了。

其实跟一女的撞衫是没什么的，但是跟一男的撞衫真是太狗血了。

盯着对方的衣服好久后，阿七先打招呼："小姐，这是男款哎，你没事儿别乱买衣服。"

"男款？"我白了他一眼，"大哥，你搞没搞错，这是白色的，是女款，你会不会买衣服！有点儿审美好不好。"

我的最后一个音掉落下来之后，我们就再也想不出来什么更好的词来说对方，于是在夏日的空气里很尴尬地沉默了很久。

然后，我开口："哎，你叫什么？"

他愣了一下："阿七。"

"哦，君然。"我回答，"下次再让我看到你跟我撞衫，你就死定了。"

"哦。"阿七随口一接，但是好像突然觉得不对，立马反驳，"大姐，明明应该是我说我再看见你跟我撞衫，你就死定了好不好？"

"我是女的哎，你这么说话？"

"我知道，但这是男款啊！"

"那又怎么样？我说是女款就是女款。"

"你在哪儿买的啊？"

"网上。"

"我也是呢，哪个店？"

"……"

接着，我们吵架的内容就发生了实质性的变化——从哪家网店的服务比较好，到网店的装饰，再到衣服的实用性……

直到某人突然在我身边叫了一声"君然"，我的大脑才一下子从网店转到了现实。

回过头，突然发现身边的景物都变化了，我们居然浑然不觉地走到了补习班的门口。

"末末？"我有点儿尴尬地看了某人一眼。

"搞没搞错啊？"末末一副痛心疾首的样子，"大热天的不进教室还跟别人在门口吵架，还是一……"她看了一眼阿七，"帅哥哎……"

突然，末末的脸色发生了明显的转变，一脸奸笑着说："你们好好聊，好好聊，我打扰到你们了真是不好意思。"然后飞奔上楼，留下某七和某然一头雾水。

"你也在这儿上课？"阿七问。

"对啊，你也在这儿？"我随手一指某个教室，"哎，你在几班？"

"14。"

"哦，我在8班，记住你了啊，走了。"

And.

开了教室门，没有吹到预料中的空调的凉风，反而是一群女生眼睛里炙热的光芒把我晒伤。

"末末说你跟阿七在一起。"同桌安澈笑得一脸诡异。

"对啊，怎么了？"我问。

安澈的语气像是在说一个陈述句："阿七是你男朋友？藏得真好。"

"什么男朋友？"我白他一眼，"今天刚认识，你哪点儿看出是男朋友啊？"

"末末说看到你们穿的情侣装。"安澈更加诡异地贴近我。

我被盯得毛骨悚然："什么啊，撞衫而已。"

"不会那么巧吧？"安澈说，"你知道阿七是谁吗？是全年级最痞的帅哥耶，很多女孩子喜欢他的。他居然是你男朋友，真想不到。"

"呃……"我无语，站起来，向外走。

"去哪里？畏罪潜逃？"安澈在我身后追问。

我回眸一笑："不和你们这些疯子在一起。"

放学了。时间快得跟没有似的。

走到补习班的大门口时，看见了阿七。

"嘿。"我正准备打个招呼然后掠过去时，被阿七边上的一个朋友拦住。

"你是阿七的女朋友？"那人问。

这个年代所有的人都一样？

"不是。"我摇摇头，然后走过去。

那人跑上来，拦在我面前："喂，情侣装现在就穿着呢怎么都赖不掉的。"

"什么情侣装啊。"我指着自己的衣服，"撞衫了。"

"撞衫？开玩笑吧。"他瞪了我好一会儿。

阿七在一边痞痞地笑着："我就说了嘛，只是撞衫而已。"

我点点头。

这是我和阿七遇见的所有经过。

只是那天我遇到的，是我的情侣装男生。

Last.

第二个夏天，我懒懒地给阿七发短信："阿七，你在干吗？"

"听说，一个人问'你在干吗'的真正意图是说'我想你了'哦。"阿七回得飞快。

我一下子笑了："哦，你想我啊，谢了。"

"我是说你想我！"

"哼。"

"喂。你还记得去年夏天的情侣装么？"

"嗯。"

"出来玩吧。"

"好。"

不例外的，默契的，撞衫了的情侣装。

Then.

撞衫之后，阿七很频繁地往我们班跑。

开始是被几个同学拉过来，后来就变成了自己过来。

他的几个朋友总会在来的时候敲着窗户大喊："君然，有人求见。"就像是想把我们班主任请过来的架势。

息事宁人，我每次都会到窗边，问阿七有什么事，每一次都是他满脸通红地说其实没有什么事，是几个朋友一定要叫他来。

再然后，他就不再说没有什么事，而是开始借书，各科的书都借。（以至于后来我们班的同学把他们班的课程表都弄得清清楚楚。）

安澈说："你知道借东西代表什么吗？"

我说："什么？"

安澈说："借东西的话，你一定是要他还的对不对，这样他完全有理由跟你见面，而且比约好的见面还多一次哦。"

我说："哦，是吗，真无聊。"

安澈说："哎，这是追女生的手段之一哦。"

我说："是吗，真巧。"

借书的一段日子过去以后，阿七就不会带着朋友过来，而是自己过来。

阿七说："跟你说一件事情。"

我问："怎么了？"

阿七说："你挺漂亮的。"

我说："哦，我知道。"

阿七说："我挺喜欢你的。"

我说："哦。"

阿七说："那我们交往吧。"

我点点头。

然后，我们就交往了。

不是结果。

第二个夏天，阿七发了一篇文章在QQ空间里，说是纪念我们一周年交往。

然后，我说："阿七，我们会有很多很多个一周年你知道吗？"

阿七说，他知道。

他说，他从看见那件"情侣装"之后，我们早晚会穿上真正的情侣装。

在交点处擦肩

二　笨

我的路，是由南向北的那一条；你的路，是从东往西的那一道。我们的交点，仅有十字路口的那个瞬间。你快一点儿，我慢一点儿，便可就此擦肩。

可是……黄灯亮了。我鬼使神差地收住了脚步，你神差鬼使地握紧了车闸。于是时间静止，世界静默，你车子微倾，单脚点地，就这么目光直率地看着脑袋低垂、做鸵鸟状的我。

呐，我该说什么呢？是真巧啊，还是好久不见？千万句问候都化作黏稠的液体堵在嗓子里，只剩一句不知是谁曾经说过的话，在我耳边不轻不重地环绕："喂，你是真不知道还是假不知道？"

"去一边去，什么知道不知道，你知道个头哇知道？"我记得，那年散伙饭上，你玩真心话大冒险输了，好像就是这样嬉笑着用手堵住你旁边那位的嘴，阻止他爆你的料。只可惜你不是传说里的哪吒，更没长三头六臂，于是乎你防得了左边也挡不住右边，下一秒，你的秘闻便在所有人的鬼哭狼嚎下千呼万唤始出来："他喜欢的人，是常夏！"

"啥？"伴随着一片拍桌敲碗的叫好声，全场八卦的目光唰的一声转移到了我身上。猛地这么一吓，我也倍儿争气，很琼瑶很狗血地把筷子掉到了桌子底下。于是乎一个既和谐又诡异的画面出现了，你和大家一起奇怪地看着我，我和我自己蛋疼地看着地面。你一脸惊愕地等着我的下一句话，我满脸庆幸地想着还好刚才夹的是土豆而不是鸡肉。

也不知过了多久，坐我旁边的妞突然掐了我一把，说："喂，女主角，给个反应啊？！"给什么呀！我狠狠地掐回去，然后慢腾腾地拿了双新筷子，慢腾腾地儿夹了块鸡肉放进嘴里，含糊不清地答道："他开玩笑的你们也信？他要是能喜欢我，估计哈雷彗星都能撞地球了！"人太多，嘴太杂，场面太混乱，玩笑太无聊，这我可是待不下去了。已经吃饱喝足的我借势站起来，笑眯眯地打道回府。

故事本应到此为止，但老天偏不让它结束，于是在很久很久以后，在一次闲聊中，一个同学为我补上了故事的后半段。她说，那天我走了以后，你的脸色就变得很难看；她说，饭后你们去KTV，不管谁邀请你唱一曲你都是置若罔闻；她说，没人知道你是什么时候一声不响地离开了群体，之后打你的电话都是关机……她像个老太婆一样，絮絮叨叨地说了很多很多，说得声音越来越小，说得眉眼中满是同情与怜悯。我听着感觉怪怪的，然后恍然大悟，猛拍她的肩膀："妞，你不是看上那小子了吧？看上了我去帮你说！"没想到她的反应比我还激烈，竟然使劲儿一扭头，狠狠地瞪了我一眼："常夏，你到底真不知道还是假不知道，那天我们玩那个游戏就是为了让他向你表白的。咱班谁看不出来，他喜欢你！"

"去，哪儿凉快哪儿待着去，省得你闲着无聊净造谣。"我笑嘻嘻地正想反驳，她却一本正经地把话接了下去："你别说我是扯淡，你自己想想，要不是喜欢你，为什么他明明成绩那么好，却主动要求坐你前桌；要不是喜欢你，为什么他每次收你作业时都鸡蛋里挑骨头，全班女生他就找你一个人的茬儿；要不是喜欢你，为什么他放学偷偷躲在教室里练演讲，还不是为了争个能和你一起主持节目的机会；要不是喜欢你，为什么他每天任你打任你掐都不还手；要不是喜欢你，为什么你说他穿格子衬衫好看后，他就一直穿；要不是喜欢你，为什么他在散伙饭上，眼看我们开玩笑都不反驳……你傻呀你呀！"……其实我一直都知道你对我好，所以我也一直都想当然地认为你对其他人也是这么好……反正一切都过去了，不是么？

也许是一分钟，也许只有一秒钟。我听见一个清脆的声音从你背后传来："怎么不走了？"心头好像有什么东西轻轻擦过，我依旧盯着脚尖，不想抬头。那个声音继续响起："喂，你傻了，她是谁呀？"空气中隐隐流动着酸涩的味道，我深吸一口气，再抬头，对上你的眼睛，我的脸上已满是调侃，"对啊，哥，她是谁呀，我要不要喊嫂子呀？"

　　你一怔，眼中似乎有明明暗暗的灯光在闪烁，仅是一瞬，随即了然。你转过头去，口气中洋溢着宠溺："这是我妹子，怎么样，比你漂亮吧？"于是你车子后座的女孩儿也开始睁眼说瞎话："嗯，是挺漂亮的。"

　　绿灯亮，你我相视一笑，互道再见，在这个交点擦肩，然后，向着自己的方向，越走越远。

中考我来了

江　锦

4∶30 PM

车厢里我跟老爸都没怎么多说话，似乎连空气都变得静止。

窗外有不少冒雨前行的家长和学生，他们也是和我们一样在中考头天去"侦查"考场的吧。看那阵势，人人都神情严肃，一副蓄势待发的样子。此情此景，我能不紧张吗？

"到了。"

我和老爸走下车，踩着雨水向考场进军。抬头看着眼前豆沙红色的小楼，我脑海里感慨万千：哦！这就是我明天要与中考搏斗的地方！先前的好奇、兴奋、不安、混乱……此刻这些情绪都像是丢入了一盆不烫不冷的水，瞬间化开，成为安静的暗流。

等待了那么多个日夜，如今，我终于来到了这里。

我带着自己内心的五味杂陈，带着老师家长的期盼，带着同学们留给我的祝福，撑着伞，见识到了我即将与千军万马一起激流勇进的地方。

这一切多么奇妙，时间过得那么快，转眼，我就要中考了。

"赶紧去看看考场号……别弄错了……喂，去那边看看……看看卫生间在哪儿……人真多啊……"老爸来回转悠着，脸上的表情有些激动。我呆呆地跟在老爸身后跑来跑去，回头看看，还有很多家长学生，他们也这样像忙碌的蚂蚁一样四处走动。

中考，多么隆重啊！

5：00 PM

考场"侦查"完毕，我回到家，路上为了防患于未然还特地买了两把量角器。

我明天就要中考了！回到自己的卧室看到那个已经用不上的书包，我想。

怀揣着这个念头，我像一只关在笼子里的困兽一样不安地来回走动，从客厅思维混乱地踱步到卧室，从卧室魂不守舍地踱步到客厅……老爸老妈都不在家，我呆呆地听秒针"滴答滴答"切割着时间，随意丢在书桌上的课本一页也看不进去。

大脑一片空白，于是决定去上网，用网络上繁杂的图文资料来填补空白。

找到自己熟悉的网站，浏览许许多多画师精美的作品，一张张地用眼睛收藏，暂时忘却了烦恼，上下移动着鼠标忙得不亦乐乎。

可当我回过神来"明天就要中考"时，心里又像是猛地落下一块石头——唉，像一块空心石，摔到中考的战场上也许会碎。

我猴子似的蹲在椅子上，望向窗外。这是南方的六月，淅沥沥的雨水冲刷着蓝灰色的城市，天空阴沉着脸俯瞰我，云层厚得叫人喘不过气来。

6：00 PM

"好烦啊……"

"好紧张啊……"

"怎么办哟……"

"哎呀，不就是中考嘛！有什么大不了的呀？尽力而为就是啦。"老妈拎着包从我身边匆匆走过，还不忘嚷嚷几句。厨房里，传来老爸洗菜时"哗哗"的流水声，电视机里的精彩照常上演。窗外，万家灯火明亮，空气里有炊烟的味道。一切都那么热闹，像往常一样。

"老妈，你别装了，我知道你心里也很紧张。"我机械地转过身来，淡淡地说。

"你这是自己给自己添堵，你再嚷嚷我就要生气了！"老妈佯装生气，站在客厅里冲我说。于是我只好乖乖地闭上嘴。

我在网络里找自己感兴趣的东西分散注意力，听振奋人心的快节奏音乐时不时跟着哼上几句。我并没有像我想象中那样茶饭不思，那顿饭我看着新闻吃得挺顺畅，晚上还喝了牛奶……对面的公寓，有跟我一样明天中考的孩子。楼上楼下，有跟我一样明天中考的孩子。这才发现又不是我一个人参加中考，还有那么多战友陪伴我。这时候他们在干什么呢？看书吗？还是在休闲娱乐……

时间一晃就过去了，我自觉地爬到床上去睡觉。不就是中考嘛，哪儿有睡觉重要啊？

十分钟过去了。

半小时过去了。

四十分钟过去了。

怎么还没睡着呀？！我恼怒地从床上坐起，看看窗外，发现居然也有人还没睡。唉，反正平时熬夜熬惯了，不少这么一晚上。这么一想，我又平静了下来，往下一躺，等着睡意主动找上门来。我曾经看过一些文章，上面的那个高考状元，在高考头一天还熬夜。我这不算什么。是的，小小的失眠不算什么。

后来呢？

后来，我当然是睡着啦！暂时性失眠这种东西，你不理它，它就会主动离开。

7：50 AM

此刻我跟老爸正站在考场门口等着大门打开，雨势很大，但雨声却没能遮盖住家长与学生热热闹闹的说话声。我好不容易挤开人群找到一个躲雨的屋檐，站在那儿静静地默背古诗。老爸站在身边，脸上还是那样有些激动的表情，没有说话。

虽然周围很吵闹，但我想那一刻，我是安静的。

东临碣石，以观沧海……

山气日夕佳，飞鸟相与还……

飞来山上千寻塔，闻说鸡鸣见日升……

背完了一首又一首，那扇大门终于缓缓开启。人群开始缓缓地移动，像一股隐忍而坚定的水流。

我跟老爸道别，向考场走去。老爸跟我说的鼓励的话，其实我并没有怎么听进去。那一刻我只求心无杂念，什么都不想。

一步，两步，三步……

是的，此刻我很冷静，我想，这就是我的最佳状态。这种状态，如入无人之境，天地间唯有自我。我要做的，只不过是将自己的全部实力，不卑不亢地展露在浩瀚之间。

中考，我来了。

逆 时 针

贾立茹

1

嘿嘿，小学生时，只知道龇着不算太白的牙齿，淌着永远擦不完的鼻涕，冲着老师傻笑，然后再跑去研究一些不知名的生物，其实无非就是蚂蚁搬家之类的。

那时的自己，很傻很白痴。

放学了，你们牵着我，慢悠悠地踱到小吃摊前，直到确定都没有带钱后，再恋恋不舍地离开。在回家的途中，我们总是商议好下次每个人出多少钱，甚至还有合约。拼音、错字，都不重要，重要的是我们每个人亲笔签上去的名字。

其实，我鼓起勇气向妈妈要钱，只是因为合约的名字罢了，那时，真的很重视，因为那是信誉，是从小树立起来的威严和不可推翻的高大形象。

多好……多天真啊！其实，现在想想，哪有什么高大形象啊！说白了还是为了那一串诱人的羊肉串。

如果，把表针逆时针旋转，如果，真的就可以时光倒流，我一定好好地签上我的名字，然后细数那些碎掉的记忆。

2

初中生了，或许已经长大了许多，开始注意形象了，也懂得欣赏别人了。

"唉！说你呢！不好好上自习，东张西望什么啊！"

调皮了，直到耍赖了，每次都要等到老师亲自点名，才知道收敛些，而且也越来越不听话了。每次听到老妈唠叨"不如小时候了……"自己就窃喜，因为当时真的很渴望长大。

有喜欢的人了，大大咧咧的我，也会有点儿小心思，尽管单纯是因为那个小小少年的笑，很暖……

拼命让小小少年注意到小小的我，尽管有时候傻到爆点。其实，越是傻得可爱，越是惹人怜哦！就这样，开始了小小的初恋……那时的我们，哪懂得什么是爱，什么是责任啊！只知道，小小少女的身旁，有了一个不同于老爸的保护神；而小小少年的肩上，背了一个甜蜜的包袱。

每天都相互问候，尽管显得有些客套；每天都一起上学，尽管彼此家离得好远；每天……其实就是两个人，悄悄地在舞台上演着自己的角色罢了。

哪有什么天长地久，什么天涯海角，都是一帘幽梦罢了……当彼此宣告结束时，才猛地发现，自己的初恋被扼杀在尘埃里了。其实，也会心痛吧！因为至少，我付出过了，当然，也收获了。

失去的是傻傻的"爱情"，但也收获了珍贵的友情哦！一大帮死党，叽叽喳喳的，聊八卦，聊隔壁班的帅哥，聊私下的小秘密，争论一个讨厌的数学题、化学题，然后一起畅想充满童话的未来……

如果，将时针逆转，如果，真的可以时光倒流，我一定会对小小少年说："小小少女在狠狠地祝你幸福！"也一定会对那群"狐朋狗友"说："未来，有你们才更狗血，才更值得期待！"

3

妈呀，还是跨进了高中的大门，面对学哥学姐们幸灾乐祸的脸，我只剩下无奈和迷茫。

第一周后，我想质问某些小说，高中，哪有那么狗血的情景？哪有那么有趣的校园生活？哪有那么帅的学长等着你去撞！

第二周后，我投降了，满满一大堆书，随时将你最后的防线彻底击破。当自己拼命撑到晚上10点后，才觉得以前的生活有多"空虚"。

第三周后，没感觉了，麻木了。一成不变的作息时间，每天繁重的学习任务，哪会再有什么小感慨、小多愁善感啊！同时，也彻底明白了，高中，就俩字：学习，当然，也可以再加上俩字：拼命学习！

其实，高中的我们，都变了好多。大人们都说，小孩子嘛，哪有那么复杂！但真正明白了解的是自己吧！再也找不到"狐朋狗友"了。人人快速地生活着，哪容得我停下来歇歇脚啊！

如果，将时针逆转，如果，真的可以时光倒流，我将会很珍惜高中流逝的那一年，即使再苦再累，也会觉得很甜很幸福。小小少女终究还是长大了，尽管自己突然想回到从前，当然，那种念头，只是一闪而过罢了。未来的路还好长，谁也不知道，沿途的风景，到底有多美……

4

逆时针滑过的思绪，那么伤，又那么快乐。倘若真的可以时光倒流，我也绝不会改变从前走过的路，虽然后悔过……

因为，那毕竟是我的成长，是时针逆转后，滑过的那串最美好的回忆……

野 孩 子

程　萌

　　我给小虎打电话时，他在工地。听见我抽泣的声音，他紧张地说："我马上去接你，别怕，你先回教室，我到了校门口再给你打电话。"

　　我看了一眼校门外冲我吹着口哨的已经辍了学的男生们，对手机另一头的小虎止住抽泣，轻轻"嗯"了一声，然后赶紧往教室跑。远远的，我听见男生在喊："嗨，别走啊，美女！"

　　在教室待了不到十分钟，手机就响了。小虎说："我到了，出来吧！"到了校门口，小虎揽过我的肩不动声色地带我跨上他的摩托车，扬长而去。我回头看见校门口那群不良少年一副顿然觉悟的样子，懊恼地丢下烟卷，啐了一口唾沫。

　　我趴在小虎的背上，突然觉得很安心。他的汗衫被刮

夏花开不见

破了一个洞，像一只长在后背上的眼睛，被汗水浸湿又风干后硬硬的，硌得我脸疼，一看就知道来不及换衣服便赶来了。我说："小虎，你真好！"他没听清，满脸迷茫地回了一下头："什么？说大点儿声！"我又趴上的背，笑而不语。

1

妈妈给我们开的门，她的眼睛微红，见到我似乎有些惊讶："栀子，今天怎么这么早回来了？"

我放下书包："小虎去学校接我的。"她慌忙将茶几上的一张纸揉进口袋里，还故作镇定："别和小虎玩得太近，知道吗？"我没回答，反问："妈，你藏什么呢？"她有点儿紧张："叫你和李虎不要走得太近！听见没？！还管起我来了！我有什么好藏的东西！快回书房写作业去！"说完呼啦啦地进了厨房。

我进了书房，但没有拿笔，而是打开电脑。老师要求我们回家查一些资料。

不一会儿她的声音由远及近："栀子，你是喝西红柿蛋汤还是吃西红柿炒鸡蛋啊？"当她推开门的时候见我坐在电脑前，近乎咆哮地冲我吼："陶栀子！你还想不想读书啊！你别念了，在家抱着电脑混吃等死吧！没出息……"说完竟然掩面大哭起来！

我摔了鼠标拎着书包回卧室，不忘冲她嚷："我在查资料！"

我不清楚妈妈为什么突然变得这样不可理喻。晚饭我没吃，躺在床上给小虎发信息。他给我回了个电话："栀子，体谅一下你妈妈，可能到更年期了吧。我想要一个妈妈吼我都没有，你别身在福中不知福和她对着干啊！"我听见那边有人喊了一声："虎子！快点儿来，还不动手我们可走了啊！"小虎应了声"哎，就来"然后告诉我他得干活了。

有点儿失落，但还是说了再见。

2

妈妈拉着我帮她择菜，她坐在小凳上一遍一遍教我怎么分辨新鲜的青菜，怎么择菜，怎么洗菜，不厌其烦。我漫不经心地偏着脑袋，看见小虎他爸领着医生匆匆忙忙地从我家门前经过，很自然地搭腔："大伯，请医生干吗？是小虎生病了吗？"他爸讪笑："呵呵，是啊。栀子帮你妈挑菜呐，真懂事。"妈妈也从门里探出头寒暄："小虎没事吧？看你这么急。"他爸没停下脚步，在几米开外大声地说："没事，你忙。"

妈妈拿着青菜轻轻抽了一下我的小腿："叫你认真听！以后要是我不在了，你呀！连饭都吃不上！懒死了！

就知道管人家的闲事！"我冲她做了个鬼脸，拔腿就往小虎家跑，气得她在身后大声喊骂。

小虎躺在窄小的钢筋床上，头上裹着洇出血渍的纱布，他冲我眨眨眼："栀子，你来啦！我这样是不是不帅了啊？"看着他鼻青脸肿的模样，我有点儿吃惊却不忘调侃："搞得好像你什么时候帅过一样！不过，你是怎么弄成这副惨样的啊？""呃，这还用问，打架呗。"小虎一脸不在乎。他爸回里屋刚好听到这话，将手里准备帮他拭伤用的毛巾使劲儿摔到他身上："还好意思说！混账！"

小虎龇着牙继续笑得没心没肺："栀子，要是有人再欺负你，我还帮你揍他！"

他说，如果有人欺负我，他帮我。心里暖暖的。

3

小虎帮不上我了，因为那群不良少年已经不来纠缠我了。至于怎么招惹上他们的，我只能解释为个人魅力；至于他们怎么又突然不纠缠我了，我的解释是他们觉醒了。

妈妈不知怎么的，开始像个小孩子一样。每天晚上都要和我挤在一床，还把我搂得紧紧的；她喜怒无常，前一秒还和颜悦色地跟我开玩笑，下一秒会训斥从没洗过衣服的我怎么不去洗衣服；她教我做许多家务，却又跟我说："妈妈干，你看书去吧。"我给在外地的爸爸打电话，他和小虎回答基本一致："可能是到了更年期，你顺着她点儿。"

当我告诉他，妈妈还时常一个人躲着哭的时候，爸爸思忖了一会儿说："我这个月尾回去看看她吧，你别惹她生气啊。"想想这才上半月，我有点儿泄气。

妈妈的更年期让我遭足了罪，不到半个月，十六年来十指不沾阳春水的我竟然也能把家务做得有模有样了。

第一次做饭没什么大波折，饭菜也还可口。我一边往保温筒里装菜，一边跟妈妈说话。她坐在餐桌前一边品尝一边问："干吗？今天又不是上学，带什么菜啊？"我拧紧筒盖："让小虎也分享一下我的喜悦啊！"

然后直到我出了门，还听得见她在身后骂："叫你不要和他走太近，把我的话都当耳边风了是不是？有本事你别回来……"

把保温筒送到小虎家的院子时，远远看见他坐在堂屋画室内画设计图。我站在他身后好久，他都没发觉。

我说："小虎，有人找你当设计师啦！恭喜啊！"他猛然从图纸上抬起头，有些尴尬："什么时候来的？"冲我露出一排整齐的小白牙。我递上保温筒："早来了。给，我第一次做的，赏个脸啊！"

他一边接过一边讪笑："哪有人肯要我的设计啊！高中都没念完的人设计的东西，人家敢住吗？随便画画而已。"又认真地盯着我的眼一本正经："我已经报名成人高考了，等我考上了，以后一定能成真的设计师！你信不信？"

"我信！"我是真的相信，小虎从来不会骗我。

4

还没等到月末爸爸回来，妈妈就病倒了，很严重。

我吓得直哭，给爸爸打电话。他说："栀子你别怕，爸爸马上买最快的机票回去，你要还是怕，就去张奶奶家请她过来陪你照顾妈妈。"

这个城市我们没有亲人，亲人们为了生计都漂泊于五湖四海。爸爸快一年没回来了，暑假时我和妈妈曾去过他所在的城市待过一段日子，所以他不知道邻居的张奶奶早在半年前就被儿子接到城市的另一端生活了。

我去了小虎家，他已经不在工地干活了，在家准备成人高考。我说我怕，妈妈病了，可我不知道要怎么照顾她。

小虎陪我回家要带妈妈看医生，妈妈死活不愿意，他又要请医生来家里诊治，妈妈依然不肯，她甚至强忍着不适皱着眉头赶小虎走，她说："你离我们家栀子远点儿！她要考大学的，你别带坏了她！癞蛤蟆想吃天鹅肉……"

我惊呆了，温婉的妈妈怎么能说出这种话来？！

"妈，你病糊涂了吧？胡说些什么啊！"我冲她吼。她气得颤抖着手指："陶栀子！你别和他走太近了，我警告你……"

小虎把我拖出房间，我一脸歉意让他别把妈妈的话放在心上。他嘴角上扬露出一口小白牙："生病的人就像小孩子，我不生气的。"

"你真好。"我说。他眼角弯成月牙，透着温馨。

5

我不该冲妈妈发脾气，不该和妈妈怄气，不该和妈妈吵架，不该……

爸爸回来的第二天好歹把妈妈拽进了医院，病历上几个龙飞凤舞的大字割碎了我的心。她不是病得很重，而是病得非常非常重。

妈妈曾在告诉我不要和小虎走太近时说过，小虎是没有妈妈的野孩子，也许，三个月后，我也就要和小虎一样成为野孩子了。肝癌，三个月就能让人毙命的肝癌竟然被我妈妈患上。

我觉得上天跟我开了个玩笑。

妈妈的肚子逐渐隆起，医院已经不住了。我在网上查了一下，这叫肝腹水，很危险了。那时候，我也请长假在家陪妈妈。我珍惜每一秒与她相处的日子，并悔恨以前的不珍惜。她对我请长假的事不以为意，和往日的她大相径庭，我有点儿担心她是不是知道了什么。难道是我掩饰得不够？

晚上我和她挤在一床，她说："你别跟我睡，我不想你有事。"我把她搂得更紧一点儿："不过是血吸虫病，又不会传染，怕什么。"她笑了，沉默许久后她才缓缓开了口："我得的是肝癌，我都知道，不用瞒我。那天你问我藏的什么，我藏的其实就是体检报告。"她看着我因吃惊而扭曲的脸，噙了眼泪："我骂你、逼你学会干活，都是因为怕你在我没了的日子里一个人连口热饭都糊不上口，现在放心了。"

那天夜里，我把她紧紧搂在怀里，哭得累了才迷迷糊糊睡了过去。

梦里，有爸妈疼我的样子。

6

真的只是过了三个月，我就成了野孩子。

爸爸卖了家里的房子，带我离开了这座生活了十七年的城市，去相距千里之外的他工作的地方。

我找不到小虎告别，在他家院外整整等了一天。那天，他去参加成人高考了。他去圆他的设计梦了。他也许再也见不到陶栀子了。

坐在开往另一座城市的列车上接到小虎给我打的

电话，他说："栀子，我在车上，很快就到家了，等我啊。"我叹了一口气说："可是，野孩子，野孩子要走了。"几天前我登录了那个荒废已久的微博，看到小虎给我的留言。他说："妹，我一直羡慕你有妈妈我没有，我想考上大学证明我不是癞蛤蟆，我也能和你一样优秀。可是现在，我希望考上了大学，有了出息就不再只能为你打架护你一时了。"

我想起那日鼻青脸肿的小虎，想起了妈妈，也想起了校门口再没出现过的不良少年。

我想，那也许是我这辈子说过的最矫情的话了。

"可是，野孩子，野孩子要走了。"

7

很久以后，我翻阅地方县志的时候，看到了"野孩子"的解释：丧失父母一方或双方的孩子因无人管教等原因颓废堕落，多指无志向的不良少年。

我哑然失笑。

其实妈妈错了，小虎不是野孩子，我也不是。

重点班，善了个哉

庆　生

　　我们班是学校的重点班。学生重点，老师重点。

　　因为是重点班，所以处处受到"优待"。

　　"植树节"时学校安排高二年级去完成种一百棵树的任务。我班众生闻之，无不欢呼雀跃，终于可以轻松一下啦！谁料班主任不失时机地出现在门口，全班顿时鸦雀无声。

　　"吵什么？还像个重点班的学生吗？哦，植树那件事，我觉得就那么一百棵树，去这么多人也没必要。"班主任推了推眼镜。我们的心"咯噔"一沉：糟糕！果然，班主任做和蔼状："我给校长提了一下，他也同意我们班可以不参加这次义务植树了，你们安心在校自习。我抽空给你们补补物理。""啊？唉……"众生如泄了气的皮球，一下蔫了。"啊什么？你们是重点班的学生，怎么能和其他班一样，你们现在目标是考大学！"班主任硬邦邦扔下一句话走了。班里先前的欢乐气氛荡然无存。

我们只好眼睁睁地看着别的班兴高采烈地走出校门。好不容易等到他们回来，拉住一个大汗淋漓的同学问道："怎么样？好玩吗？""那还用说，真带劲！哎？你们没去？""人家是重点班的，一心只读圣贤书，哪管劳动不劳动！"另班一个同学带着一种讥讽的口气解释着。顿时无言以对。

接下来是看电影，全校就我们一个班没看。究其原因："重点班的学生还有闲心看电影？还是好好复习功课吧。"

公判大会，我们又是独树一帜——不听。原因非常简单："你们素质这么好，还用听公判大会，有那时间不如去看看书。"My God！难道重点班学生只能每天捧着枯燥的课本"诵经"？

别班的同学海阔天空地侃足球、侃新闻、侃影星歌星，我们只能洗耳恭听，根本无法加入，因为我们几乎对那些内容闻所未闻。

由于是重点班，我们也经常吃"小灶"。课外活动，不去，上化学！音乐欣赏，不听，补英语！班会，班主任亲自为我们讲物理！资料室拼命地为我们印练习卷子，班主任又不辞辛劳地往返于一楼和六楼之间。为我们抱来一摞摞散发着油墨香味的各科试卷，"马上要会考了，你们必须在一周之内做完这些卷子，下周讲评！"

一日，班长宣告："班主任今早得去市里开会。"开会？那就是说物理课不上啦？哇！物理课后是体育课，可以轻松两节课！我班顿时掌声雷动，别班纷纷侧目：重点班也有这么狂的时候？我们激动地等待着那个快乐时刻的到来。

物理课时班主任果然没出现。可物理课代表却大摇大摆地登上讲台："同学们，今天虽然老师不在，但他昨天给了我些备课资料，让我给大家上好这节课。"什么？昨天，今天……于是我们十分耐心地听完了课代表的物理课。幸亏下节是体育课，我们可彻底地放松一下，哪知好事多磨。铃声一响，物理课代表又出现在讲台上："同学们，老师说我只讲一节课恐怕效果不佳，为了以防万一，他让我再上一节，巩固巩固嘛！"我们差点儿跌下板凳。

唉，如今我们总算过五关斩六将经过了会考统考，马上该放假了！忙了一学期，终于可以休息一下了。我们亲爱的班主任又宣布了一个决定："你们明年就高三了，我决定先下手为强，这个假期你们要补课，提前学学高三的东西。"

唉，重点班！